CUCINARE
è un atto d'amore

Prima edizione HarperCollins
novembre 2017

ISBN 978-88-6905-270-5

Progetto grafico: Alice Iuri / *the*World*of*DOT
Realizzazione editoriale: studio pym / Milano
Coordinamento tecnico: Eleonora Colombo
Fotolito: Emmegi Group - Milano

Fotografie di pp. 13 (in basso a sinistra), 23 (a destra e in basso a sinistra), 24, 28 (tranne
in basso a destra), 32, 39, 44, 47 (tranne in basso a destra), 54, 57 (in alto), 62 (in basso),
66 (a destra), 72 (tranne in alto a sinistra), 75, 79, 80, 90, 93 (in alto), 100, 103, 106, 109 (a
destra), 117, 120 (a sinistra), 124 (tranne in alto a sinistra), 128, 132, 135, 141 (a destra),
151, 152 (in alto a sinistra), 156 (a sinistra), 162, 165, 176 (a sinistra) © Marco Bianchi
Fotografie di pp. 4, 10, 13 (in alto e in basso a destra), 16, 18, 20, 23 (in alto a sinistra
e in basso a destra), 27, 28 (in basso a destra), 31, 35, 36, 40, 42, 47 (in basso a destra),
50, 52, 57 (in basso), 58, 61, 62 (in alto), 65, 66 (a sinistra), 68, 71, 72 (in alto a sinistra),
76, 83, 84, 89, 93 (in basso), 94, 96, 99, 105, 109 (a sinistra), 111, 112, 114, 118, 120 (a
destra), 123, 124 (in alto a sinistra), 126, 131, 136, 138, 141 (a sinistra), 142, 144, 146,
152 (in alto a destra e in basso), 155, 156 (a destra), 158, 161, 166, 171, 172, 175, 176
(a destra), 179, 183, 184 © Alex Alberton e Silvia Pellegrinato

MARCO BIANCHI

{ CUCINARE

è un atto d'amore }

HarperCollins

{ SOMMARIO }

CIAO AMICI!

Cucinare, secondo me, è un atto d'amore. Per noi stessi, per le persone che amiamo, per tutti coloro che ci vogliono bene. Anche parlare di cibo e di salute rappresenta per me un modo per esprimere questo amore. Il libro che avete tra le mani è dedicato a tutti voi, a chi mi segue da anni e mi dimostra affetto ogni giorno, e a chi ha deciso di acquistarlo spinto dalla curiosità. Troverete tante ricette, naturalmente, ma non solo: pillole di benessere, consigli di salute, qualche trucco in cucina e moltissimi momenti presi dalla mia quotidianità.

In questo libro ho voluto mettere tutto me stesso per segnare una nuova fase della mia vita e della mia professione, e desidero che voi ne facciate parte! Il mio obiettivo è quello di sempre: promuovere le regole della buona alimentazione a modo mio, con un linguaggio semplice, diretto, che parte dalla Scienza e arriva sulle vostre tavole in maniera naturale, sana e, spero, divertente.

Prima di iniziare, una riflessione doverosa. Nell'ultimo periodo, nelle tante occasioni in cui capita di chiacchierare insieme o sui miei canali social, mi rivolgete molte domande sulle ragioni alla base delle mie scelte alimentari, dimostrando tanta passione, curiosità.

La prima risposta che do è questa e per me è una regola: non esiste un alimento che possa essere considerato "veleno" in senso assoluto, la differenza la fanno sempre la quantità, la qualità e la soggettività di ciascuno di noi. Perché non tutti accettiamo nello stesso modo i nutrienti di un alimento.

Per questo è importante far parlare la Scienza e la ricerca con i suoi dati, a volte non facilissimi da leggere, bisogna ammetterlo. Possono essere ostici e poco immediati, ma proprio per questo cerco sempre di rispondere alle vostre domande nella maniera più chiara e piacevole possibile, dando anche consigli pratici per la vita di tutti i giorni.

Impariamo a mangiare non solo di pancia, ma anche di testa! Può sembrare difficile e noioso, monotono e soprattutto insipido, però vi assicuro che non è così. Mangiare con la testa vuol dire innanzitutto saper rispettare il cibo, la materia prima, la terra che ci ospita.

A questo proposito il mio pensiero non può che andare a Lui, il Professor Umberto Veronesi, che ricordo sempre con tanta stima e affetto. È "colpa" Sua se ho questa voglia estrema di far conoscere e promuovere la Scienza. Ricordo ancora quando disse: "La scienza è lo strumento più potente di cui l'umanità dispone per migliorare la qualità e la prospettiva di vita delle persone". Niente di più vero, niente di più utile.

Tutto iniziò con una mia mail. Gli proponevo un progetto folle, mi convocò dopo meno di 48 ore per parlarne. Era il 2009. All'epoca ero un tecnico di ricerca biochimica che aveva semplicemente voglia di andare oltre il lavoro in laboratorio... Da allora instaurammo un rapporto di stima reciproca, incontri, condivisione di pensieri, progetti, obiettivi. Era un uomo molto impegnato, ovviamente, ma disponibile, ironico, energico, culturalmente preparato sotto ogni aspetto, un filosofo.

Mi coinvolse quando un regista gli propose un progetto legato al mondo dei vegetariani e, in una sua iniziativa personale legata all'alimentazione, mi invitò a scrivere un contributo per un suo libro... Io gli chiesi di far parte della sigla di un mio programma tv e di scrivere la prefazione di un mio libro, ma anche di celebrare il mio matrimonio, perché era l'uomo che sapevo avrebbe regalato le parole giuste a uno dei momenti più importanti della vita. Dopo quell'evento mi pregò di dargli del tu, perché sosteneva che oramai ero di famiglia. Ovviamente non ci sono mai riuscito!

Ogni volta che lo incontravo uscivo pieno di energia positiva e di una gran voglia di conoscere, approfondire e soprattutto divulgare. "Un ricercatore deve essere curioso e deve aver fame di conoscenza" mi diceva spesso. E negli ultimi tempi ripeteva sempre: "Andate avanti, perché il mondo ha bisogno di scienza e ragione".

Ecco amici, se sono qui oggi, se vi racconto la Scienza come faccio ogni giorno, lo devo solamente a lui, un ottimo Maestro di vita, una grande persona che ha creduto nelle mie capacità e che mi ha regalato gli stimoli per andare avanti.

Spero di avervi trasmesso il mio amore per la Scienza e di prendervi per la gola con le ricette che vi propongo in questo libro, ma ancora di più spero di farvi capire, attraverso le foto della mia quotidianità, che questa per me è una vera scelta di vita libera e consapevole: nessuna etichetta, nessun obbligo o "sofferenza" a cucinare "così".

Amo nutrirmi in questo modo e amo cucinare con la testa, per la mia famiglia, per gli amici, per le persone che amo perché... cucinare è il primo gesto d'amore!

CUCINARE È...

... Un atto di vero amore, nei propri confronti e verso coloro che abbiamo accanto. Anche suggerire una ricetta a un amico è un gesto affettuoso, un po' come facciamo tra di noi, sui social. Ecco il motivo per cui vi ho voluto con me in questo libro (anche se devo ammettere che è stata dura, tanto dura, selezionarvi!).

VALENTINA Cucinare è un atto d'amore... come dare una carezza al cuore. È prendersi cura di sé e di chi amiamo, per questo col cuore cuciniamo. È consolare qualcuno a cui vogliamo bene e sollevarlo per un po' dalle sue pene. È riempire la cucina di buoni odori capaci di riportarci agli arbori. È, perché no, un modo per conquistare chi nella nostra vita vogliamo amare. È riempire i piatti di mille colori e gustare comunque semplici sapori. Allattare è il primo atto d'amore... cucinare ci ridà un po' di quel calore.

BRUNA Per me cucinare vuol dire passare mezz'ora con mia figlia, fragile e dolce ragazza Hikikomori, perché per mangiare esce dalla camera, la sua zona comfort, in cui è relegata ormai da quattro anni.

MARCO Il tempo in cucina è "attesa", è un cammino multisensoriale verso la Bellezza, è il modo di prenderci cura dell'Amore... "Attendere è l'infinito del verbo amare." (cit.)

GIULIA Cucinare è... lasciare andare tutte le tensioni, le preoccupazioni, le tristezze e, come per magia, riversare nel piatto solo gioia, amore e convivialità!

LAURA Cucinare è… un momento di sana solitudine, di magnifica condivisione e di vera conoscenza dell'altro.

MATTEO Cucinare è… ristabilire un contatto con la natura, con i suoi odori e sapori. Perché il sapore di un piatto è facilmente accessibile e manipolabile da parte dell'industria, ma c'è un sapore "della mano", l'esperienza infinitamente più complessa che permette a un cibo di portare con sé la firma inconfondibile di chi l'ha cucinato, la sua cura, il suo pensiero e le sue peculiarità. Un sapore che non può essere contraffatto e che richiede tempo e sforzo. Un sapore che, in fondo, è il sapore dell'amore.

SABRINA Cucinare è… mescolare, cuocere e servire emozioni.

MICHELA Cucinare è… cura e amore. Lo ha sempre fatto mia mamma quando con le parole non era capace di dirmi ciò che sentiva, lo faccio oggi io con la mia famiglia. Nella mia cucina si vedono a volte la stanchezza e lo stress, a volte la gioia e la voglia di vivere, a volte l'amore… insomma, guarda cosa cucino e ti dirò come sto oggi.

TINA Cucinare o ti piace o non ti piace… perché è passione, amore, estasi per la mente, per gli occhi e per il palato. Io adoro creare in cucina soprattutto per la mia famiglia.

SILVANA Cucinare è… un'idea dell'amore… e io amo.

SHARON Da bambina giocavo con mia sorella a indovinare gli ingredienti delle pietanze che preparava la nostra mamma iraniana. E quando qualcosa era particolarmente buono ci diceva: "C'è un ingrediente speciale che rende tutto più buono… è l'amore". ♥

CINZIA Se nella vita "ti prendi cura" in qualche maniera di qualcuno, saprai assaporarla giorno dopo giorno, momento dopo momento, e non la sentirai mai inutile. Uno dei modi di prendermi cura dei miei cari è la cucina, perché cucinare implica una scelta, una ritualità, una gestualità che mi fa stare bene. Cucinare non solo per nutrire il corpo ma anche "l'anima".

Veru Marco Vivienne

ISTRUZIONI PER L'USO

Non è il solito libro di ricette.

Non è un libro di diete miracolose.

Non è una biografia.

Non è un'enciclopedia scientifica.

È un libro che racconta una passione sfrenata nei confronti della cucina buona, sana e pratica, dove dieta mediterranea e prevenzione si incontrano regalando idee da portare in tavola ogni giorno.

Idee valide per grandi e piccini, per tutta la famiglia.

Immaginiamo di andare a fare la spesa insieme, acquistiamo 5 o 6 ingredienti e torniamo a casa a cucinare qualche buon piatto... Ecco la chiave di lettura di questo libro: gli ingredienti selezionati e fotografati per ogni cesta rappresentano la base per preparare una manciata di ricette, in modo da non sprecare nulla di quanto acquistato.

Ovviamente per "potermi cucinare" per bene e sfruttare al meglio gli ingredienti nella cesta, voglio dare per scontato che abbiate sempre – e dico sempre – in dispensa e nel vostro freezer alcuni ingredienti quali olio extravergine di oliva, olio di mais e di girasole biologici e spremuti a freddo, farine integrali e semintegrali, cereali di vario genere (non esiste solo la pasta, ma anche orzo, farro, mais, quinoa, riso, e il mio consiglio è di acquistarli integrali e parboiled!), cipolle, limoni, aglio, erbe aromatiche (anche surgelate vanno bene), salsa di pomodoro, latte vaccino magro, bevande vegetali, yogurt greco...

Solo con una dispensa "base" fornita non rischierete mai di commettere errori e soprattutto garantirete alla vostra salute e al vostro palato un sapore ottimo e una gustosa dose di prevenzione.

Di tanto in tanto vi imbatterete in alcune pagine che ho chiamato "#gustoesalute", nelle quali troverete delle "chicche" dal mondo della Scienza, per non dimenticare mai la mia formazione da tecnico di ricerca biochimica, gli anni di laboratorio e soprattutto il presente da divulgatore scientifico per la Fondazione Umberto Veronesi.

I MIEI 10 PERCHÉ CHE FANNO VIVERE MEGLIO

Spesso vengo scambiato per un "talebano" della cucina a discapito di gusto e piacere. No, vi assicuro che non è affatto così.

Perché scelgo integrale? Perché ho deciso di consumare poco zucchero? Perché amo così tanto l'olio extravergine di oliva? A tutti questi "perché" – e a molti altri ancora – dedico le prossime pagine. Spero così di aiutarvi a chiarire qualche dubbio, a rendere più comprensibili i dati scientifici e a farvi scoprire quanto sia semplice mangiare con la "testa" in modo salutare.

Dose giornaliera
di sale
raccomandata

1

{ Perché limito il sale a favore di spezie e aromi e indico sempre di cuocere in "acqua poco salata"? }

Semplice! In Italia il consumo medio giornaliero di sale è di 10,6 g negli uomini e di 8,2 g nelle donne, di gran lunga superiore a quello raccomandato, ovvero 5 g (circa un cucchiaino), pari a 2 g di sodio, come indicato dall'Organizzazione Mondiale della Sanità (OMS). È importante quindi provare modi alternativi per insaporire il cibo. Troppo sale significa ipertensione, malattie cardiovascolari, obesità, osteoporosi e cancro.

2

{ Perché ci tengo a specificare "integrale" ovunque è possibile? }

Le fibre sono sinonimo di salute e l'assunzione quotidiana attraverso la dieta serve a proteggersi: non solo regolano il moto intestinale, ma sono anche associate alla riduzione della colesterolemia totale e/o LDL (il cosiddetto colesterolo "cattivo") e della glicemia postprandiale. Inoltre le fibre svolgono un'azione prebiotica: stimolano cioè in maniera selettiva la crescita e l'attività, nel microbiota intestinale, di lattobacilli e bifidobatteri, i batteri "buoni" del nostro intestino. Un intestino "attivo" è sinonimo di sistema immunitario forte e capace!
La "posologia" consigliata? 25-30 g al giorno secondo le direttive dell'OMS.

3

Perché i miei dolci sono meno dolci di un dolce "tradizionale"?

L'OMS ha aggiornato le linee guida sul consumo dello zucchero raccomandando fortemente di ridurre l'assunzione giornaliera di questo componente (si parla di glucosio, fruttosio e in generale zucchero da tavola) a una quantità inferiore al 10% del totale di energia che assumiamo attraverso i cibi durante la giornata. L'OMS, però, si spinge oltre e, laddove possibile, raccomanda un'assunzione di zucchero inferiore al 5% dell'energia totale giornaliera (ovvero circa 25 g/6 cucchiaini da tè). Lo zucchero, infatti, alza rapidamente l'indice glicemico aumentando i fattori che favoriscono l'infiammazione e la crescita cellulare.

Dato che le cellule utilizzano lo "zucchero" come benzina principale, questo ha dato origine all'ipotesi che un consumo eccessivo di zuccheri possa agire da catalizzatore per l'infiammazione e i tumori, aumentando sia il rischio di ammalarsi sia l'aggravarsi della patologia.

4

L'olio extravergine d'oliva (evo) aiuta a mantenere il sistema cardiovascolare giovane, forte e sano per via della presenza di alcuni grassi buoni, e combatte anche alcune forme tumorali tramite i polifenoli. Non solo. L'olio contiene inoltre l'oleocantale, un composto dalle proprietà antinfiammatorie che agisce come i comuni antinfiammatori non steroidei (ed è quello che vi dà una sensazione di leggero bruciore in gola tipica dell'olio evo). Grazie ai polifenoli di cui l'olio evo è ricco, aggiungerlo a ogni pasto migliora la glicemia postprandiale e il profilo lipidico di soggetti con prediabete. Tutti questi benefici sono anche presenti nella versatilissima frutta secca e nei semi oleosi.

5

Perché in ogni ricetta metto così tanto mondo vegetale?

Perché in verità ne consumiamo troppo poco. Sono 5 le porzioni tra frutta e verdura che dovremmo consumare ogni giorno: si raccomandano 2 porzioni di verdura e 3 di frutta, per un totale pari a circa 900 g. Ricordiamoci di colorare il nostro piatto il più possibile usando diversi ingredienti: faremo così incetta di minerali (potassio, magnesio, rame, zinco, calcio, ferro ecc.), molecole antiossidanti funzionali (antocianine, luteina, flavonoidi ecc.) e vitamine (A, C, E, acido folico ecc.).

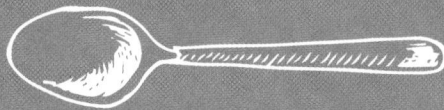

6

Latte vaccino o bevanda vegetale? Solo voi potete saperlo. Siete sensibili al lattosio o alle proteine del latte, diabetici, avete la glicemia "ballerina" o il colesterolo alto? Se sapete rispondere a queste domande, allora avete anche già scelto il prodotto adatto a voi. Bisogna sempre fare attenzione agli zuccheri aggiunti e al tipo di bevanda: una vegetale a base di riso, ad esempio, è fortemente amidacea, e con l'aggiunta di zuccheri il suo indice glicemico non fa altro che aumentare; a confronto, un latte vaccino senza grassi e magari senza lattosio è sicuramente meno "impattante" per l'organismo, se rientra nelle porzioni giornaliere consigliate. Ogni ricetta ha un suo latte, così come ogni palato e organismo. Non tutti digeriamo gli alimenti allo stesso modo, quindi variamo la dieta e il nostro corpo ci ringrazierà!

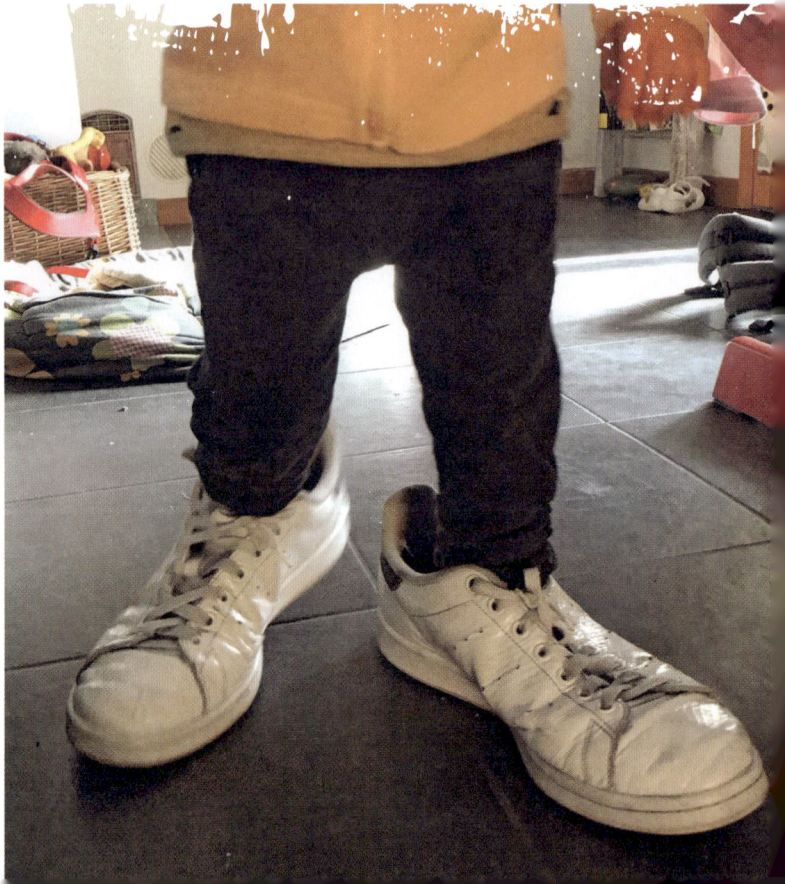

7

{ **Perché dico
che bisogna muoversi
un po' ogni giorno?** }

Muoversi aiuta a consumare le kcal introdotte in eccesso, ma soprattutto a ridurre il livello di colesterolo "cattivo" (o LDL) e alzare quello "buono" (o HDL, lipoproteine ad alta densità che portano il colesterolo in eccesso dai tessuti corporei verso il fegato, il quale ha poi il compito di smaltirlo).

Camminare aiuta anche ad abbassare la pressione arteriosa, a controllare il rischio di diabete di tipo 2 e di alcuni tumori la cui crescita è influenzata dall'attività ormonale, che può essere "normalizzata" proprio dall'esercizio fisico.

Io pratico crossfit e attività funzionale, una disciplina sportiva che concentra in meno di mezz'ora un allenamento completo di tipo aerobico e anaerobico.

Lo sport rende gioiosi. Sappiatelo, amici!

8

{ Perché non utilizzo la farina 00? }

Molto semplice: è quella che ha meno benefici per il nostro organismo, perché è la farina più raffinata. Durante la lavorazione, infatti, vengono eliminate tutte le parti più nutritive, come ad esempio il germe, che è ricco di vitamine, sali minerali e aminoacidi, e la crusca, caratterizzata dalle fibre. E alla fine rimane solo l'amido, cioè zucchero puro. La farina 00, quindi, non apporta nulla di benefico al nostro organismo, anzi aumenta semplicemente il livello glicemico del nostro sangue.

La farina 0 è un po' meno raffinata e mantiene alcune piccole parti di crusca, quindi più fibre.

La farina 1 è ancora meno raffinata, perciò ha un maggior contenuto di crusca e di fibre.

La farina di tipo 2, conosciuta anche come farina semintegrale, è un ottimo compromesso tra le farine raffinate e quelle integrali.

Quella integrale è sul podio, al primo posto, in quanto mantiene tutte le caratteristiche nutrizionali, quali vitamine, sali minerali e fibre.

Variate
tutti i giorni
colore e sapore!

9

{ Perché non cucino (e mangio) carne fresca e processata (insaccati, salumi)? }

Superati i 500 g di carni rosse (maiale, manzo, agnello, cavallo) fresche e i 50 g di carni processate alla settimana aumentiamo il nostro rischio cardiovascolare e oncologico, specie per il tratto digerente e più in particolare per il colon retto, che è soggetto al consumo/abuso di carni. Queste informazioni provengono dal Fondo Mondiale per la Ricerca sul Cancro, che fornisce dati convincenti e affidabili.

Quali alternative ci sono alla carne? I legumi e i cereali, che sono un vero e proprio pasto completo dal punto di vista nutrizionale. Non dimentichiamo, infatti, che legumi e cereali sono ricchi di vitamine (B1, B2, B3, B6, acido folico e biotina) e di proteine e sono quindi dei validi sostituti delle proteine animali.

10

{ Perché mi fotografo sempre a piedi nudi e spesso con una tazza di caffè in mano? }

Anche per questa domanda la risposta è semplice. Molto semplice. Fin da piccolo sono stato abituato a camminare scalzo in casa e ovunque fosse possibile (le buone abitudini, per fortuna, non si perdono crescendo...). Amo sentire il contatto con il terreno e non avere "barriere".

Per quanto riguarda il caffè... Fino a 5/6 tazzine al giorno hanno un effetto protettivo sul nostro organismo. Non solo, il caffè è un fantastico amico delle arterie, grazie alla presenza di sostanze dal potere antiossidante.

Il caffè è un grande amico anche del fegato, perché è in grado di prevenire malattie come la cirrosi epatica e i fastidiosi calcoli biliari. Inoltre, al contrario di quello che si crede, ha effetti analgesici: la caffeina è un vasocostrittore, cioè restringe i vasi sanguigni e fa passare meno sangue, quindi è un buon alleato contro il mal di testa.

{ LA CESTA N.1 }

Farina di mais fioretto
Alici
Bevanda a base di soia
Prezzemolo
Curcuma
Ceci lessati

RICETTE

Aromatica

Pink

Classica

Tonnata

Maionese senza uova

INGREDIENTI
PER 300 G DI MAIONESE

- 100 ml di bevanda vegetale a base di soia non zuccherata
- 220 ml di olio di semi di girasole bio
- 1 cucchiaino di senape
- 2 cucchiai di aceto di mele (o succo di limone)
- 1 pizzico di sale
- ½ cucchiaino di curcuma

In un contenitore dai bordi alti versate la bevanda a base di soia, l'olio di semi di girasole bio e i restanti ingredienti.

Miscelate con un frullatore a immersione alla massima velocità fino a ottenere una salsa densa e cremosa.

La maionese si conserva in un barattolo ben chiuso, in frigorifero, per circa 10 giorni.

Varianti

1 Tonnata
Sgocciolate e sbriciolate 250 g di tonno al naturale nella maionese, solo dopo averla montata. Mescolate con la forchetta fino a ottenere una salsa omogenea.

2 Sprint
Vi piacciono cetriolini e capperi sottaceto? Basteranno 5 cetriolini e 1 cucchiaio di capperi per ottenere una maionese ancor più speciale. Tritateli al coltello e aggiungeteli alla maionese dopo averla montata.

3 Piccante
Grattugiate 1 cm di radice di zenzero e aggiungetelo agli ingredienti prima di montare la maionese.

4 Aromatica
Occorrono 10 fili di erba cipollina e 2 rametti di aneto: tritateli fini e aggiungeteli alla maionese dopo averla montata.

5 Pink
Aggiungete un cubetto di barbabietola lessata agli ingredienti, prima di montare la maionese.

#gustoesalute

Alcune sostanze nutritive inibiscono la reazione infiammatoria e perciò sono particolarmente raccomandate. Tra le più importanti vi è un acido grasso, l'acido eicosapentaenoico (**EPA**) a cui è attribuito un effetto antinfiammatorio, che raggiunge il massimo quando nell'organismo vi è una bassa percentuale di acido arachidonico.

Il **PESCE AZZURRO** contiene una quantità particolarmente elevata di EPA.

Alici croccanti al profumo di limone

Ileana, la mamma del mio amico Andrea, mi ha fatto scoprire questa ricetta! Chi vuole gradire? Dal mare alla tavola... evviva il pesce azzurro, "povero ma ricco"! Attenzione, questa ricetta crea dipendenza!!!

✓ **INGREDIENTI PER 4 PERSONE**
- 300 g di alici già pulite (senza lisca)
- olio evo
- 50 g di pinoli
- qualche cucchiaio di farina di mais fioretto
- 2-3 limoni bio
- sale

Rivestite con carta forno il fondo di una teglia, quindi disponetevi in fila le alici fresche (senza lisca).

Spolverizzatele con la farina di mais facendo pressione su ogni alice in modo che la "panatura" aderisca bene.

Cospargete con i pinoli, un pizzico di sale, il succo e la scorza di limone grattugiata.

Nebulizzate con olio extravergine di oliva e infornate a 180-200 °C per 20 minuti.

Rimarrete stupiti dal meraviglioso profumo di limone che si spanderà nella vostra cucina!

Pan de mej

Questa ricetta è per 6 grandi pan de mej, ma potete sbizzarrirvi con le forme e con la dimensione: io utilizzo questa ricetta anche per preparare dei biscottini molto piccoli.

INGREDIENTI
PER 6 GROSSI PAN DE MEJ
DEL DIAMETRO DI 10/12 CM

- 200 g di farina di mais fioretto
- 100 g di farina di riso o semola integrale rimacinata di grano duro
- 80 g di zucchero a velo integrale
- 60 ml di olio di semi di mais bio
- 70-80 ml di latte
- ½ bustina di lievito per dolci
- 1 limone bio

In una ciotola capiente, mescolate insieme gli ingredienti secchi e aggiungete la scorza grattugiata del limone.

Unite i liquidi, amalgamate tutto con una forchetta e formate delle pagnottelle utilizzando le mani o delle sfere utilizzando il servigelato.

Adagiatele su una teglia rivestita con carta forno e appiattitele leggermente con le dita. Cuocete in forno preriscaldato a 170 °C per 20 minuti circa. Non appena osserverete delle crepe sulla superficie dei pan de mej, allora potete sfornarli!

Varianti

1 Aggiungete 1 cucchiaino di polvere di tè matcha all'impasto: colorerà il vostro pan de mej e lo renderà ancora più salutare!

2 Provateli nella versione con gocce di cioccolato: ne bastano 100 g da aggiungere all'impasto. In questo caso sostituite il latte con una bevanda alla mandorla.

#gustoesalute

Amato **TÈ VERDE**! I suoi benefici sull'apparato cardiovascolare sono noti (grazie all'alto contenuto di polifenoli, in particolare di catechine), mentre le proprietà antitumorali sono tuttora oggetto di studio. Di sicuro il tè verde non dovrebbe mai mancare in dispensa (ovviamente sto parlando delle foglie, non di bevande zuccherate al gusto di tè verde). Io amo soprattutto il matcha, profumato, erbaceo e meravigliosamente verde oltre che particolarmente indicato per i soggetti allergici. Contiene infatti una catechina chiamata epigallocatechina gallato. Questo antiossidante sarebbe in grado di ostacolare l'azione delle istamine e delle immunoglobuline E, molecole coinvolte nelle risposte immunitarie e nell'insorgenza dei sintomi tipici delle allergie, come hanno suggerito diversi studi pubblicati su varie riviste scientifiche internazionali.

Crostino al verde

Frullatore a immersione e piccolo tritatutto sono strumenti che dovete sempre tenere a portata di mano. Solo così preparerete con facilità molte delle mie ricette.

√ **INGREDIENTI PER 4 PERSONE**
- 250 g di pisellini freschi o surgelati
- 70 g di formaggio caprino
- 5 foglioline di menta fresca
- 50 ml di olio evo
- bacche di pepe rosa
- pane multicereali
- sale
- 50 ml circa di acqua

Se scegliete i pisellini freschi o quelli surgelati, sbollentateli in acqua leggermente salata, scolateli e lasciateli raffreddare. Per questa ricetta evitate di usare i pisellini in scatola perché il crostino deve essere molto verde e non vogliamo perdere il colore brillante!

Frullate i pisellini con il caprino, le foglie di menta, l'olio extravergine di oliva e il pepe rosa. Durante la "frullata" aggiungete circa 50 ml di acqua per ottenere una crema morbida.

Tagliate a fette il pane multicereali e tostatelo.

Spalmate la crema sui crostini.

Evitate i piselli in scatola se non volete perdere il colore brillante!

Falafel

Li adoro sia freddi sia caldi... Sono un ottimo modo per conquistare coloro che non amano troppo consumare legumi "stufati" o semplicemente conditi con olio e limone!

✓ INGREDIENTI PER 4 PERSONE

- 1 rametto di prezzemolo
- ½ cucchiaino di curcuma
- 1 cipolla
- 500 g di ceci lessati
- 100 g di soia edamame surgelati
- 1 cucchiaio di cumino macinato
- 5 cucchiai di olio evo
- sale
- 30 g di farina di mais fioretto
- il succo di 1 limone

Unite in un robot da cucina il prezzemolo lavato e la cipolla sbucciata e tritate.

Scolate i ceci e risciacquateli bene sotto l'acqua corrente per eliminare l'eventuale sale presente.

Sbollentate la soia edamame in acqua leggermente salata.

Aggiungete i ceci, la soia e i restanti ingredienti nel robot insieme al trito di prezzemolo e cipolla. Frullate fino a ottenere un composto compatto, pastoso, che regolerete di sale. Non dovrà risultare una purea, ma restare piuttosto grossolano (qualche cecio qui e là meno frullato di altri dovrà esserci).

Con un servigelato di piccolo diametro (se non ce l'avete, utilizzate le mani!) prelevate dal contenitore una piccola dose di composto per volta. Man mano che le vostre palline sono pronte, disponetele in una pirofila rivestita con carta forno.

Infornate per almeno 15 minuti a 200 °C. I falafel sono pronti quando sono belli dorati. Potete anche optare per la versione con cottura in padella, basterà semplicemente utilizzare una padella antiaderente e ben (poco) oliata.

{ LA CESTA } N.2

**Noci, Mandorle
Nocciole
Farina di tipo 2
Mele, Olio evo
Lenticchie, Lamponi**

RICETTE

#gustoesalute

Tante le evidenze scientifiche sull'effetto protettivo delle **NOCI** contro alcune malattie croniche, come la **SINDROME METABOLICA** e il **DIABETE DI TIPO 2**. Il consumo di noci sembra inoltre migliorare l'indice di massa corporea (BMI) e l'adiposità, senza portare a un aumento di peso: i partecipanti allo studio PREDIMED e agli studi NHS e HPFS che hanno mangiato grandi quantità di noci, infatti, avevano minore indice di massa corporea e circonferenza vita inferiore. Le noci, come tutta la frutta secca, non contengono colesterolo, anzi... lo combattono, purché consumate con regolarità!

Insalata di lenticchie e noci

Per utilizzare spezie e aromi, la regola principale è averli sempre in bella vista in cucina... al contrario, quindi, nascondiamo il sale o teniamone poco poco a disposizione!

INGREDIENTI PER 4 PERSONE

- 300 g di lenticchie lessate
- 80 g di pomodori secchi sottolio
- 150 g di noci
- 1 mazzetto di prezzemolo
- 1 porro
- 1 radice di zenzero
- 1 limone bio
- olio evo

Versate le lenticchie lessate in una ciotola, dopo averle sciacquate a lungo.
Pulite e tritate il porro e il prezzemolo.
Tritate anche le noci e i pomodori secchi.
Unite il tutto alle lenticchie e mescolate bene aggiungendo il succo di limone e un filo d'olio extravergine di oliva, se necessario.
Completate con una grattugiata di zenzero e scorza di limone a piacere prima di servire.

P.S. I pomodori secchi sono un vero e proprio concentrato di ferro, fosforo e, soprattutto, carotenoidi. Se non volete utilizzare i pomodori secchi sottolio, potete scegliere anche quelli sotto sale. In questo caso lasciateli in ammollo almeno 30 minuti e risciacquateli molto bene uno a uno in modo da eliminare il sale in eccesso.

Granola

Questa è una delle ricette che mi chiedete più spesso e che io amo particolarmente, perché contiene, nelle giuste porzioni, tanti ingredienti importanti per la salute (soprattutto della tiroide, grazie alla presenza di iodio e selenio) e perché per me rappresenta un modo per volersi bene fin dalla colazione. Non esiste giornata senza colazione: una tazza di caffè, rigorosamente amaro, yogurt e granola!

**INGREDIENTI
PER 600/700 G
DI GRANOLA**
- 500 g di fiocchi di avena
- 50 g di mandorle
- 50 g di nocciole
- 40 ml di olio di semi di girasole bio
- 40 g di uvetta
- 80 g di cocco grattugiato
- 1 pizzico di sale
- 4 cucchiai di olio di semi di mais bio
- 130 ml di sciroppo d'acero
- 130 g di miele
- qualche cucchiaio di acqua

Tritate al coltello l'uvetta, in modo grossolano.

In una ciotola mescolate tutti gli ingredienti secchi, quindi aggiungete miele, olio e sciroppo d'acero. Aggiungete anche un paio di cucchiai di acqua e lavorate l'impasto con una spatola o con le mani. Distribuitelo su una teglia rivestita con carta forno e cuocete per 20 minuti a 160 °C.

Trascorso questo tempo, aprite il forno e mescolate la granola senza sbriciolarla, richiudete e proseguite la cottura per 10 minuti e, qualora fosse necessario, per altri 10, in modo che tutto il composto diventi croccante.

Tirate fuori dal forno, lasciate raffreddare e rompete con le mani in pezzi irregolari.

Una volta pronta, potete conservare la granola per un paio di mesi in contenitori di vetro sigillati.

Non esiste giornata senza colazione!

Baci

Da piccolo ero molto curioso: alternavo momenti in cucina accanto a mamma Cristina, che preparava spesso i baci, a momenti in cameretta tra microscopi e insetti da "studiare".

√ **INGREDIENTI PER 15 BISCOTTI**
- 200 g di farina di tipo 2
- 100 g di nocciole
- 80 g di zucchero a velo integrale
- 60 ml di olio di semi di mais bio
- 70 ml circa di acqua
- cioccolato fondente al 72%

Frullate le nocciole finemente.

In una ciotola, unite la polvere "oleosa" di nocciole ai restanti ingredienti, tranne il cioccolato. Con le mani, formate delle palline e posizionatele su una teglia rivestita con carta forno. Schiacciate leggermente le palline e cuocete in forno per circa 20 minuti a 180 °C. Fate sciogliere il cioccolato a bagnomaria. Una volta raffreddate, unite due mezze sfere con il cioccolato fuso.

Variante

Per gli amici celiaci: potete sostituire la farina di tipo 2 con la farina di riso. I vostri baci saranno buonissimi!

Insalata di mele e noci con salsa di aceto balsamico e miele

Le mele sono ricche di polifenoli, fitosteroli, vitamina C e pectina. Quindi andiamo a farne una bella scorta e ricordiamoci di mangiare anche la buccia (ovviamente dopo averle lavate e strofinate per bene!).

✓ **INGREDIENTI PER 4 PERSONE**
PER L'INSALATA
- 200 g di noci
- 2 mele granny smith
- 50 g di uvetta
- 2 mazzetti di insalata indivia (belga)
- 1 mazzetto di radicchio

✓ **PER LA SALSA**
- 4 cucchiai di olio evo
- 6 cucchiai di aceto balsamico
- 1 cucchiaino di miele
- 1 pizzico di sale

Lavate e tagliate le insalate a julienne.
Pelate e tagliate a cubetti le mele. Se avete scelto delle mele bio potete non sbucciarle.
Tritate le noci al coltello in modo grossolano.
Unite tutto in un'insalatiera, aggiungete l'uvetta e condite con la salsa al miele preparata sbattendo insieme olio, aceto balsamico, miele e un pizzico di sale.
Mescolate con cura in modo che l'insalata sia ben condita.

#gustoesalute

Uno studio pubblicato sul *Journal of the International Society of Sport Nutrition* ha mostrato che giovani corridori di età compresa tra i venti e i trent'anni ottengono le medesime prestazioni in pista che si affidino alle barrette energetiche o all'uvetta per l'integrazione. Questo perché l'**UVETTA** è energia allo stato puro. Non solo è un vero e proprio concentrato di zuccheri, ma contiene anche fibre, calcio e acido oleanolico (un potente antinfiammatorio) oltre che potassio, calcio e fosforo. Grazie ai fitonutrienti possiede un elevato potenziale antinfiammatorio e antiossidante.

Cestini di frolla con ricotta, fragole e lamponi

√ **INGREDIENTI PER 6/8 PERSONE**
PER LA FROLLA
- 250 g di farina di tipo 2
- 80 g di zucchero a velo integrale
- 60 ml di acqua
- 60 ml di olio di semi di girasole bio
- 1 limone bio

√ **PER LA FARCIA**
- 250 g di ricotta fresca
- 70 g di zucchero a velo integrale
- 60 g di fragole
- 60 g di lamponi

Lavorate con le mani la frolla amalgamando farina, zucchero, acqua, olio e la scorza di limone grattugiata. Dopo aver ottenuto un impasto liscio, avvolgetelo nella pellicola trasparente e lasciatelo riposare in frigorifero per circa 1 ora. Nel frattempo preparate la farcia montando con una frusta la ricotta con lo zucchero a velo. Lavate e tagliate le fragole in 4.

Trascorso il tempo di riposo della pasta frolla, tiratela e usatela per foderare degli stampini di alluminio usa e getta o di silicone (oppure, se preferite, potete usare una tortiera di 23 cm di diametro).

Mettete in ogni stampino qualche cucchiaio di ricotta montata e infornate per circa 30-40 minuti a 180 °C. Se optate per la versione torta, dovrete aggiungere 10 minuti circa di cottura. Sfornate, lasciate raffreddare molto bene e solo dopo aggiungete le fragole tagliate a pezzi e i lamponi.

Varianti

Viva la golosità! Provate i cestini nella versione con canditi (ne bastano 50 g in 250 g di ricotta) o con gocce di cioccolato (70 g da amalgamare nella ricotta). O ancora senza ricotta ma con crema di nocciole (200 g di una sana crema spalmabile) e granella di nocciole per una spolverata di gusto (70 g).

Pancake con banana, lamponi e miele

La mia sveglia è tra le 6 e le 7. Di notte, spesso, sogno ricette e la mattina me le appunto mentre faccio colazione.

INGREDIENTI
PER 12 PANCAKE

- 220 g di farina di tipo 2
- 350 ml di latte
- 30 g di zucchero a velo integrale
- 2 cucchiai di miele
- ½ cucchiaino di lievito per dolci
- 1 cucchiaio di olio di semi di mais bio
- 2 banane
- 250 g di lamponi

In una ciotola, sbattete con una frusta la farina con il latte, il lievito e lo zucchero fino a ottenere un composto morbido, vellutato e senza grumi. Se preferite, potete utilizzare anche un frullatore a immersione.

Riscaldate una padellina antiaderente e ungetene la superficie con un goccio di olio di mais bio.

Cuocete il primo pancake versando circa 4 cucchiai di composto nella padella calda.

Appena osserverete le bolle in superficie potrete rigirare il vostro pancake e cuocerlo sull'altro lato.

Preparate tutti i pancake, quindi serviteli impilati e farciti con le banane a rondelle, i lamponi e il miele.

Serviteli
impilati
con la frutta
e il miele

#gustoesalute

Amiche indiscusse del nostro DNA: un recente studio, infatti, ha dimostrato che il consumo regolare di **NOCCIOLE** è in grado di normalizzare i livelli di colesterolo LDL, quello cattivo, e dei trigliceridi. Le loro qualità non finiscono qui: prevengono l'invecchiamento cellulare e hanno un'azione antinfiammatoria e antivirale grazie al selenio che contengono, alla vitamina E (l'antiossidante per eccellenza) e ai flavonoidi.

Crumble

Ho coinvolto mia figlia Vivienne in cucina già a 15 mesi. La prima cosa che abbiamo preparato insieme è stato un crumble, il più buono che io abbia mai assaggiato!
In tutte le versioni, è ottimo da abbinare allo yogurt della mattina aggiungendo anche dei frutti di bosco, oppure potete usarlo per realizzare un fantastico dessert: tagliate a cubetti piccolissimi della frutta come pere e mele, disponeteli in una teglia, cospargete di crumble e infornate. Se tagliate la frutta un po' più grossolanamente, spadellatela prima di metterla sulla teglia.

✓ **INGREDIENTI**
PER 300 G DI CRUMBLE
- 200 g di farina di tipo 2
- 60 g di zucchero mascobado
- 15 g di miele
- 60 ml di olio di semi
  di girasole bio
- 120 g di nocciole
- la punta di un cucchiaino
  di lievito per dolci

Mettete le nocciole in ammollo in acqua tiepida per 40-50 minuti e, dopo averle scolate (non asciugatele, mi raccomando, è molto meglio che restino piuttosto bagnate!), frullatele. In una ciotola, mescolate i restanti ingredienti insieme alle nocciole tritate e umide. L'impasto dovrà risultare piuttosto grossolano, irregolare e non compatto, quindi non preoccupatevi se il suo aspetto sarà molto sabbioso. Spargetelo su una teglia ricoperta di carta forno e cuocetelo per 20 minuti a 170 °C.

Varianti

✓ **INGREDIENTI PER 300 G**
DI CRUMBLE GLUTEN FREE
- 100 g di farina di riso integrale
- 100 g di farina di mais fioretto
- 60 g di zucchero mascobado
- 15 g di miele
- 60 ml di olio di semi
  di girasole bio
- 120 g di nocciole
- la punta di un cucchiaino
  di lievito per dolci

1 **Avete amici celiaci o volete limitare il glutine nella vostra dieta?**
Ecco la versione gluten free!

2 **Volete preparare una versione al cacao?**
Aggiungete agli ingredienti un bel cucchiaio di cacao amaro in polvere setacciato.

{ LA CESTA } N.3

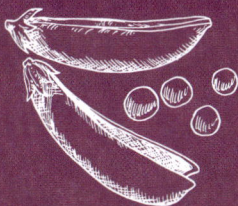

Farina di ceci
Farina di tipo 2
Porri, Zucca
Olio evo
Piselli (surgelati)

RICETTE

Brisée con porri

È ideale come aperitivo, tagliata a fette e servita in tavola su un ta-gliere, prima di una cena con amici. Si presta per essere preparata con anticipo, anzi... è ancora più buona!

✓ **INGREDIENTI PER 6 PERSONE PER LA BRISÉE**
- 300 g di farina di tipo 1 o 2
- 1 pizzico di sale e bicarbonato
- 80 ml di olio evo
- 100-120 ml circa di acqua
- 2 cucchiai di aceto di mele

✓ **PER LA FARCIA**
- 4 porri
- 250 g di ricotta
- olio evo
- sale e pepe

Per la brisée, impastate con le mani gli ingredienti fino a ottenere un composto omogeneo, aggiungendo l'acqua poco alla volta, quindi formate una palla, avvolgetela nella pellicola trasparente e fate riposare 1 ora in frigorifero. Nel frattempo, affettate finemente i porri e fateli stufare in una padella antiaderente con qualche cucchiaio di olio extravergine di oliva e un pizzico di sale e pepe. Quando saranno morbidi, aggiungete la ricotta, mescolate fino a che gli ingredienti saranno ben amalgamati tra loro e spegnete la fiamma.
Prendete la brisée, lavoratela con le mani, stendetela con un mattarello e riponetela sul fondo di una tortiera foderata con carta forno. Versate il ripieno di porri e ricotta e infornate a 180 °C per circa 45-50 minuti.

Variante

Sostituite i porri e la ricotta con 400 g di zucca, 150 g di caprino fresco e timo fresco. Sbucciate e tagliate a dadi la zucca e stufatela in una padella antiaderente con un filo di olio, qualche cucchiaio di acqua e un pizzico di sale e pepe. Quando è bene ammorbidita, aggiungete il caprino e il timo e mescolate. Adesso la farcia è pronta per essere accolta dalla brisée. Infornate a 180 °C per 45-50 minuti.

Con i porri

Con la zucca

Frittata senza uova con porri

Mia figlia Vivienne va matta per questa ricetta e realizza la sua personale versione aggiungendo alla fine un po' di rosmarino raccolto da lei e usando il pecorino al posto del sale... è una vera buongustaia! Ovviamente anche voi potete personalizzare la ricetta come preferite!

INGREDIENTI PER 4/6 PERSONE

- 200 g di farina di ceci
- 400 ml di acqua tiepida
- 2 porri
- 3 pizzichi di sale
- 1 pizzico di pepe nero
- olio evo

Mettete in una ciotola capiente la farina di ceci e l'acqua tiepida e con una frusta in acciaio, o un frullatore a immersione, emulsionate per bene. Tutta la farina si deve sciogliere nell'acqua senza formare grumi.

Aggiungete il sale, il pepe e un paio di cucchiai di olio extravergine di oliva. Mescolate ancora e lasciate riposare per circa 20 minuti in frigorifero. Nel frattempo lavate e affettate molto finemente i porri. Incorporateli all'impasto e mescolate.

Prendete una padella antiaderente, ungetela con poco olio extravergine di oliva e mettetela sul fuoco. Deve essere molto calda! Il diametro sarà proporzionale a quanto impasto andrete a versare per ogni frittata. Vi consiglio di farla spessa al massimo mezzo centimetro...

Versate l'impasto e cuocete per una decina di minuti per lato.

Potete optare anche per la versione al forno versando l'impasto in una teglia foderata con carta forno. Lasciate cuocere a 220 °C per circa 20 minuti, oliando leggermente la superficie; non ci sarà bisogno di girare la frittata.

Una volta cotta, tagliatela a quadrotti e servitela tiepida!

Vellutata di zucca e zenzero

La zucca era già anticamente utilizzata per le sue proprietà calmanti, inoltre aiuta la produzione di serotonina, è ricca di beta carotene che ci protegge dai radicali liberi ed è un buon antinfiammatorio.

INGREDIENTI PER 4 PERSONE

- 1,2 kg di zucca mantovana
- 300 ml di latte
- 200 g di fagioli cannellini lessati
- 50 ml di olio evo
- radice di zenzero
- 1 scalogno
- sale e pepe

In una casseruola dai bordi alti, fate stufare la zucca pulita e tagliata a dadi con olio, lo scalogno e qualche cucchiaio di acqua.

A metà cottura aggiungete il latte, il sale e il pepe. Grattugiate lo zenzero fresco, mescolate e proseguite la cottura.

Quando la zucca è pronta, unite i cannellini scolati e risciacquati, un bicchiere d'acqua e frullate il tutto. Ecco pronta la vellutata di zucca e zenzero.

Variante

Questa ricetta può diventare un piatto unico speciale! Come? Aggiungete 3 patate (vanno bene anche quelle dolci a pasta arancione), oppure 320 g di riso nero o basmati integrale oppure dell'orzo o, ancor più semplicemente, delle belle fette di pane nero tostato.

#gustoesalute

Lo **ZENZERO** è una pianta erbacea della famiglia del cardamomo, originaria dell'Estremo Oriente. Le sue virtù sono dovute a diverse sostanze: zingiberene e gingeroli, ovvero potenti antinfiammatori e antiossidanti, con effetti antitumorali; inoltre agisce sulla funzione digestiva e influisce positivamente sull'apparato gastrointestinale. Lo zenzero è molto consigliato dunque per combattere nausee da viaggio o gravidanza, difficoltà digestive e meteorismo.

Se usato fresco, potete scegliere di grattugiarlo o di recuperarne la polpa con uno schiaccia aglio (da utilizzare solo per questo scopo). Ma anche lo zenzero disidratato (e non zuccherato) è top! Quando mi si abbassa la voce è il rimedio più efficace che conosca. Ne mangio un piccolo cubetto ogni 2 ore nel corso di una giornata e la sera sono come nuovo!

Paté di zucca e ceci

Della zucca potete usare tutto! Vi consiglio di conservare i semi e di consumarli crudi o passati in forno: oltre a essere buonissimi sono ricchi di cucurbitina, che è di grande aiuto per molti problemi legati all'apparato urinario sia maschile sia femminile.

INGREDIENTI PER 4 PERSONE
- 400 g di zucca mantovana
- 100 g di feta
- 150 g di ceci lessati
- olio evo
- timo fresco

Stufate la zucca in una padella antiaderente con un filo di olio e qualche cucchiaio di acqua.

Scolate i ceci e risciacquateli abbondantemente.

Quando la zucca è ben ammorbidita, frullatela con i ceci e la feta.

Riponete la crema in frigorifero per 1 ora per farla addensare. Prima, però, oliate la superficie con olio extravergine di oliva e aggiungete delle foglioline di timo.

Una cucina sana non può coesistere con una padella antiaderente graffiata e scalfita, quindi controllate sempre bene se quella che state usando è adatta al suo scopo!

Pesto con piselli, zucchine e caprino

Il condimento ideale per rendere il vostro piatto un Signor piatto unico! Se preparate il pesto in anticipo, oliate la superficie così da proteggerlo dall'ossidazione e mantenerne tutto il gusto!

✓ **INGREDIENTI**
PER 500 G DI PESTO
- 3 zucchine
- 150 g di piselli surgelati
- 80 g di caprino
- 4 cucchiai di olio evo
- 1 scalogno
- sale e pepe

Lavate e lessate in pochissima acqua le zucchine a rondelle insieme ai piselli e allo scalogno sbucciato (meglio ancora se li cucinate a vapore!). A metà cottura aggiungete l'olio extravergine di oliva.

Una volta pronti, frullate piselli, zucchine e scalogno con il caprino e un pizzico di sale e pepe.

Usate questo pesto per condire la pasta, dell'orzo oppure gustatelo con pane integrale tostato!

Variante

✓ **INGREDIENTI**
PER 500 G DI PESTO
- 200 g di piselli surgelati
- 400 g di soia edamame surgelati
- 1 cipolla
- 100 g di ricotta
- 50 ml di olio evo
- sale e pepe

Pesto con edamame, piselli e ricotta

In una padella stufate per 10 minuti i piselli, la soia edamame, la cipolla affettata finemente, qualche cucchiaio di acqua e un pizzico di sale e pepe. A metà cottura aggiungete l'olio extravergine di oliva.

A fine cottura frullate metà della quantità di piselli e soia edamame con la ricotta. Il pesto è pronto! Usatelo per condire pasta, ravioli, orzo, farro... Servite aggiungendo i restanti piselli e soia edamame e una spolverata di pepe.

#gustoesalute

I **LEGUMI** contengono proteine in quantità pari o superiore rispetto alla carne, e doppia rispetto ai cereali. Contengono inoltre almeno 4 aminoacidi essenziali (lisina, treonina, valina e triptofano) e, se combinati con i cereali, permettono di soddisfare il nostro fabbisogno giornaliero di queste sostanze.

Secondo lo studio che è stato pubblicato su *The American Journal of Clinical Nutrition*, assumere un piatto di legumi di circa 130 g ogni giorno potrebbe aiutare a perdere peso. I partecipanti, infatti, avevano perso in media 0,34 kg in sei settimane senza stravolgere il proprio regime alimentare, anzi arricchendolo con un piatto di legumi ogni giorno, il quale ha inoltre contribuito ad aumentare il senso di sazietà del 31%.

Polpette greche con zucchine e ceci

Non possono mai mancare nella vostra cucina un nebulizzatore per olio e un servigelato, anzi almeno due, di differente diametro: preparerete ottime polpette che ripasserete in forno o in padella rendendole croccanti ma non unte!

✓ INGREDIENTI PER 4 PERSONE

- 2 zucchine
- 4 cucchiai di farina di ceci
- 10 foglioline di menta fresca
- 5 cucchiai di olio evo
- sale e pepe

Lavate e grattugiate le zucchine con una grattugia a fori larghi.

Mettetele in una ciotola e conditele con l'olio extravergine di oliva, un pizzico di sale e pepe e le foglioline di menta tritata.

Aggiungete la farina di ceci e mescolate bene.

Formate delle polpettine (con le mani o con un servigelato), quindi disponetele su una teglia rivestita con carta forno.

Con l'aiuto di uno spruzzino nebulizzate le polpette con un poco di olio extravergine di oliva e cuocete a 180 °C per 20 minuti.

Varianti

1 Sostituite le zucchine con 2 patate dolci a pasta arancione... La bontà sarà assicurata!

2 Per ottenere delle polpette altrettanto gustose, al posto delle zucchine potete utilizzare delle carote tagliate a julienne, in egual peso.

Sushi mediterraneo

Mi piace chiamarlo sushi mediterraneo, nonostante in realtà sia una piadina integrale con la frittata senza uova. Leggete gli ingredienti e se qualcosa proprio non vi piace potete toglierlo (purché non sia la farina di ceci!). Però vi assicuro che ve ne pentirete se non preparate questa ricetta!

✓ **INGREDIENTI PER 4 PERSONE**
- 3 piadine integrali con olio evo
- 200 g di formaggio fresco spalmabile

✓ **PER LE FRITTATE**
- 200 g di farina di ceci
- 400 ml di acqua tiepida
- 50 g di pomodori secchi sottolio
- 3 pizzichi di sale
- ½ cucchiaino di curry
- olio evo

Iniziate preparando 3 frittate con pomodori secchi e curry.

Mettete in una ciotola capiente la farina di ceci e l'acqua tiepida e con una frusta in acciaio o un frullatore a immersione emulsionate per bene. Tutta la farina si deve sciogliere nell'acqua senza formare grumi.

Aggiungete il sale, i pomodori secchi tritati, il curry e un paio di cucchiai di olio extravergine di oliva. Mescolate ancora e lasciate riposare per circa mezz'ora in frigorifero.

Prendete una padella antiaderente, ungetela leggermente con olio evo e mettetela sul fuoco. Deve essere molto calda!

Versate il composto per ottenere delle frittate piuttosto sottili, un paio di millimetri di spessore sarebbe l'ideale! Fatele cuocere 10 minuti per lato. Una volta pronte le 3 frittate, lasciatele raffreddare.

Riscaldate leggermente le piadine (anche nella padella antiaderente appena utilizzata), spalmate in superficie un cucchiaio di formaggio e adagiatevi sopra una frittata. Arrotolate e tagliate a rondelle. Ripetete l'operazione per ogni accoppiata di piadina e frittata.

Queste rondelle di sushi mediterraneo sono ottime fredde, ma se preferite potete riscaldarle in padella prima di mangiarle.

Arricchitelo con erbette di stagione!

{ LA CESTA N.4 }

Barbabietola cruda
Ceci, Avocado
Sedano, Feta
Mela, Zenzero

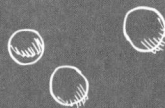

RICETTE

Chips di barbabietola

La barbabietola è un'ottima fonte di ferro. Trasformata in chips ha un sapore dolcissimo che piacerà anche ai più piccoli. Provare per credere!

INGREDIENTI PER 4 PERSONE
- 3 barbabietole
- olio evo
- sale e pepe

Con una mandolina tagliate a fettine sottili la barbabietola, quindi disponetele su una teglia rivestita di carta forno.

Nebulizzate con olio extravergine di oliva, condite con un pizzico di sale e pepe e infornate a 220 °C per circa 40 minuti. A mano a mano le fettine di barbabietola si trasformeranno in chips viola croccanti.

P.S. Colora tutto, ma proprio tutto! I taglieri, le mani e anche la pipì (quindi non spaventatevi se i vostri bambini faranno la pipì rossa dopo aver mangiato di gusto queste chips!).

Barbatorta

Questa ricetta è utilissima prima degli allenamenti perché, unendo la betaina della barbabietola all'attività polifenolica e antiossidante del cacao, aiuta ad aumentare la potenzialità muscolare.

INGREDIENTI
PER 8/10 PERSONE

- 120 g di barbabietola lessata
- 200 g di farina di tipo 1
- 70 ml di olio di semi di mais bio
- 180 ml di bevanda vegetale alla mandorla
- 150 g di mandorle tritate
- 80 g di zucchero mascobado
- 1 cucchiaino di cacao in polvere
- 1 bustina di lievito per dolci
- 100 g di cioccolato fondente al 72%

Frullate la barbabietola con metà bevanda vegetale alla mandorla e tenete da parte.

Tritate le mandorle grossolanamente, quindi unitevi la farina, lo zucchero, il cacao, il lievito e mescolate.

Aggiungete al mix di ingredienti secchi la barbabietola frullata e l'olio di semi di mais bio e amalgamate bene.

Nel frattempo fate sciogliere a bagnomaria il cioccolato con la rimanente bevanda vegetale alla mandorla. Quando è pronto, unitelo al resto e mescolate.

Versate il composto in una tortiera del diametro di 23 cm foderata con carta forno e infornate a 180 °C per circa 50 minuti.

Verificate la cottura infilando nel centro uno stecchino di legno: se una volta sfilato è asciutto, la torta è pronta; se invece è umido con dell'impasto attaccato, la torta deve cuocere ancora un po'.

Hummus di ceci

Almeno due volte alla settimana l'hummus è presente sulla mia tavola, accompagnato da pane, crostini o semplicemente usato come un pinzimonio per le verdure di stagione.

√ **INGREDIENTI**
PER 500 G DI HUMMUS

- 500 g di ceci lessati
- 2 cucchiai di salsa tahin
- ½ spicchio di aglio
- 1 pizzico di cumino in polvere
- 1 pizzico di paprika dolce
- 4 cucchiai di olio evo
- il succo di 1 limone

Frullate per qualche minuto tutti gli ingredienti, omettendo l'aglio qualora vi risultasse indigesto. Otterrete una super crema da abbinare a verdure crude o pane abbrustolito, focacce... tutto ciò che più amate, anche semplicemente un cucchiaio!

Variante

Vi propongo la versione con la barbabietola. Rispetto alla ricetta classica usate mezza cipolla rossa di Tropea al posto del mezzo spicchio di aglio e aggiungete 200 g di barbietola lessata.

Passate ora alla preparazione: frullate tutto insieme e, se necessario, versate qualche cucchiaio di acqua per rendere l'hummus più vellutato.

Vi assicuro che sarà uno sposalizio perfetto con gli altri ingredienti...

Alla barbabietola

Classico

HUMMUS

#gustoesalute

I **CECI** sono tra i miei legumi preferiti e li adoro in tutti i modi. Sono ricchi di magnesio e folati e riducono l'omocisteina, un aminoacido che, se presente in quantità eccessiva nel sangue, aumenta la possibilità di infarto e ictus.

Non è però questa la sola maniera in cui i ceci apportano benefici alla nostra salute (e al nostro cuore): abbassano i livelli di colesterolo LDL (quello "cattivo") e, grazie agli Omega-3, che contengono in quantità, collaborano alla prevenzione degli stati di depressione e diminuiscono i trigliceridi, favorendo un ritmo cardiaco regolare ed evitando l'insorgere di aritmie.

Insalata di ceci, sedano e feta

Il sedano è un vero e proprio amico in cucina. Di lui non si butta via nulla, è un ottimo spuntino ipocalorico ed è ricchissimo di potassio.

INGREDIENTI PER 4 PERSONE
- 500 g di ceci lessati
- 150 g di feta
- 1 gambo di sedano con foglie
- olio evo
- il succo di 1 limone

In una ciotola condite i ceci lessati con la feta tagliata a cubetti, il sedano ridotto a brunoise (cioè a dadini piccolissimi), un filo di olio extravergine di oliva e il succo di limone.

Mi raccomando, non eliminate tutto il fogliame del sedano! Tritatelo o servitelo intero come fosse una normale foglia di insalata: contiene vitamina C, clorofilla e tanti minerali importanti.

Varianti

1 Al posto della feta potete utilizzare del quartirolo lombardo oppure, per alleggerire ulteriormente l'apporto calorico, un primo sale.

2 Per una versione vegana consiglio invece di aggiungere il tofu affumicato.

Tartare di avocado, lime e cipolla rossa

L'avocado è una fonte di grassi buoni che proteggono il sistema cardio-vascolare. Sono ottimi quelli 100% italiani prodotti in Sicilia, provateli!

INGREDIENTI PER 4 PERSONE

- 2 avocado maturi
- 1 piccola cipolla rossa
- 1 lime
- sale e pepe
- olio evo

Sbucciate e tagliate in piccoli cubetti gli avocado.

Sbucciate e tritate finemente la cipolla.

In una ciotola, mescolate delicatamente avocado e cipolla, irrorate con il succo di lime e condite con sale, pepe e un filo di olio extravergine di oliva.

Impiattate con un coppapasta l'avocado condito.

Se non avete il coppapasta potete servire la tartare in una ciotola, oppure usarla come condimento per una bruschetta speciale.

Si può usare anche sulla bruschetta!

Barbabietola, mela e zenzero

Sedano, mela e zenzero

Estratto di sedano, mela e zenzero

Questi estratti hanno proprietà antinfiammatorie e digestive, inoltre sono ricchi di moltissimi minerali. Una cosa importante che vi segnalo: l'ananas non aiuta a sciogliere i grassi come spesso si dice, ma aiuta a digerire meglio le proteine.

✓ **INGREDIENTI PER 4 PERSONE**
- 2 gambi di sedano con foglie
- ½ radice di zenzero
- 2 mele granny smith
- ¼ di ananas

Pulite la radice di zenzero con un pelapatate, lavate bene le mele e il sedano intero. Le sue foglie contengono molta clorofilla, quindi, mi raccomando, non scartatele!

Allo stesso modo non scartate il torsolo dell'ananas, perché il suo principio attivo è concentrato in quel punto ed è perfetto per l'uso negli estratti!

Inserite tutti gli ingredienti nell'estrattore e… gustate!

Alternativa

✓ **INGREDIENTI PER 4 PERSONE**
- 1 barbabietola cruda
- 2 mele granny smith
- ¼ di radice di zenzero
- 1 pompelmo

Estratto di barbabietola, mela e zenzero

Mondate la barbabietola con un pelapatate, lavate bene le mele e sbucciate il pompelmo. Se preferite, potete sostituirlo con un limone o con un lime.

Inserite tutti gli ingredienti nell'estrattore e… gustate!

{ LA CESTA N.5 }

Cocco, Carote
Cioccolato
Melanzane
Menta

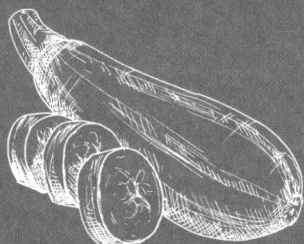

RICETTE

Shottino di carote e yogurt

La convivialità è fondamentale in cucina: cucinare con gli amici e mangiare tutti insieme credo sia una tra le cose più belle! È alla base della nostra piramide alimentare.

✓ **INGREDIENTI PER 4/6 PERSONE**
- 300 g di carote
- 80 g di mandorle spellate
- 120 g di yogurt greco 0% e senza lattosio
- timo fresco
- olio evo
- sale

Pelate e tagliate a rondelle le carote.
Lessatele in pochissima acqua. Una volta cotte, frullatele con le mandorle e diluite con acqua fino a ottenere una crema vellutata.
In una ciotola sbattete lo yogurt con un filo d'olio e un pizzico di sale.
Servite in un bicchierino da liquore: alla base mettete un cucchiaio di yogurt sbattuto e sopra la vellutata di carote e mandorle. Guarnite con qualche fogliolina di timo.
Per una versione ancora più colorata potete aggiungere 2 o 3 pistilli di zafferano allo yogurt.

Variante

Per una versione vegana, sostituite lo yogurt con 120 g di tofu morbido che verrà frullato con sale, olio e timo.

Carote
e mandorle

Yogurt

Salame di cioccolato

Un dolce perfetto tutto l'anno, da conservare rigorosamente nella mia dispensa ideale: il freezer. Personalizzatelo come meglio credete, ma preparatelo e "cubettatelo". Un pezzo tira l'altro!

INGREDIENTI PER 8/10 PERSONE

- 600 g di cioccolato fondente al 72%
- 300 ml di bevanda vegetale a base di soia o alla mandorla
- 1 tazzina di caffè
- 500 g di biscotti integrali
- 50 g di nocciole
- 2 cucchiai di olio di semi di mais bio

Sciogliete a bagnomaria il cioccolato con il caffè e la bevanda vegetale. Una volta ammorbidito, mescolate e aggiungete l'olio, i biscotti sbriciolati grossolanamente e le nocciole intere.

Adagiate l'impasto in uno stampo da plum-cake in silicone e riponete in freezer per 5 ore in modo che si raffreddi molto bene.

Una volta trascorso il tempo, il salame di cioccolato è pronto per essere servito.

Sformatelo (sarà facilissimo avendo usato il trucco dello stampo in silicone), tagliate a fette e cubettate!

Potete sostituire le nocciole con la frutta secca che preferite, oppure arricchirlo con frutta disidratata come albicocche, prugne, fichi.

Cuor di cioccolato

✓ **INGREDIENTI PER 6/8 PERSONE**
- 200 g di cioccolato fondente al 72%
- 200 ml di bevanda vegetale a base di soia o alla mandorla
- 30 g di cacao amaro in polvere
- 60 g di zucchero mascobado
- 30 ml di olio di semi di mais bio
- 80 g di farina di tipo 2
- 2 cucchiaini di lievito per dolci
- 1 pizzico di sale

Sciogliete a bagnomaria il cioccolato fondente insieme alla bevanda vegetale.
Incorporate nel cioccolato fuso tutti i restanti ingredienti sbattendo in modo energico con una frusta.
Versate il composto in contenitori monoporzione (di ceramica o alluminio) leggermente unti.
Cuocete in forno per 12-13 minuti a 180 °C.
Il fatto di usare contenitori monoporzione renderà suggestiva e unica a ciascun commensale la colata di cioccolato.

P.S. È un dolce che si presta molto bene anche freddo, il cuore ovviamente si addenserà ma resterà piacevolmente morbido...

Varianti

✓ **INGREDIENTI CON CAFFÈ**
- 200 g di cioccolato fondente al 72%
- 200 ml di bevanda vegetale a base di soia o alla mandorla
- 1 tazzina di caffè amaro
- 30 g di cacao amaro in polvere
- 10 g di caffè in polvere da moka
- 60 g di zucchero mascobado
- 40 ml di olio di semi di mais bio
- 80 g di farina di tipo 2
- 2 cucchiaini di lievito per dolci
- 1 pizzico di sale

1 Al caffè
Sciogliete a bagnomaria il cioccolato fondente insieme alla bevanda vegetale e alla tazzina di caffè. Aggiungete al cioccolato fuso tutti i restanti ingredienti sbattendo in modo energico con una frusta. Incorporate più aria possibile. Versate in stampini monoporzione e cuocete in forno per 12-13 minuti a 180 °C.

2 Al cocco
Se volete una variante al cocco, basta aggiungere 100 g di cocco rapé all'impasto.

#gustoesalute

Chi mi segue lo sa, il cioccolato lo mangerei a tutte le ore del giorno, purché sia **FONDENTE** (almeno al 72%!). C'è una letteratura scientifica molto ampia sulle sue proprietà. Secondo molti studi, infatti, i **FLAVONOIDI** contenuti nel cacao avrebbero una serie di effetti benefici sulla pressione sanguigna e sui livelli di colesterolo, riducendo il mal di testa e svolgendo un'azione antistress. Tanto che un recente studio della Brown University di Providence (USA) ha associato il consumo di cacao con la prevenzione del diabete e delle malattie cardiache.

Possiamo tranquillamente dire che il cioccolato fondente è un vero **ALLEATO NELLE DIETE**, stimola il buon umore e la serotonina dando un piacevole senso di appagamento. Contiene inoltre molte sostanze preziose, come rame, ferro, zinco e parecchio magnesio (520 mg su 100 g). Se abbinato al caffè (amaro), poi, il suo potere antinfiammatorio aumenta in modo considerevole!!!

Dolcetti al cocco

Un dolce semplicissimo da realizzare. Quando lo faccio con Vivienne, la maggior parte dell'impasto viene spazzolata prima di essere infornata. È per questo che lo preparo in gran velocità con un servigelato!

✓ **INGREDIENTI**
PER 20 DOLCETTI

- 200 g di cocco grattugiato
- 170 g di farina di tipo 2
- 70 g di zucchero a velo integrale
- 250 ml di latte
- 3 cucchiai di olio evo delicato
  (o di semi di girasole bio)
- ½ bustina di lievito per dolci

In una ciotola, mescolate insieme tutti gli ingredienti.

Con il servigelato formate delle semisfere e adagiatele su una teglia rivestita di carta forno, oppure riempite degli stampi da muffin in silicone.

Cuocete in forno per 17-20 minuti a 160 °C.

Varianti

1 Aggiungete all'impasto 50 g di carote grattugiate e la punta di un cucchiaino di curcuma.

2 Aggiungete all'impasto 80 g di gocce di cioccolato e sostituite il latte con una bevanda vegetale a base di soia.

Muffin alle carote

Non tutti i dolci con le carote vengono perfetti per via dell'umidità rilasciata dalle protagoniste stesse. Questi muffin sono eccezionali e riescono sempre bene, purché si segua con attenzione la ricetta!

√ **INGREDIENTI**
PER 12/14 MUFFIN
DA 60-70 G

- 250 g di carote grattugiate
- 100 g di farina integrale
- 130 g di farina di semola di grano duro rimacinata
- 250 g di yogurt vaccino magro (o alternativa vegetale o greco 0%)
- 3 cucchiai di sciroppo d'acero o miele
- 50 g di zucchero mascòbado
- 5 cucchiai di olio evo molto delicato (o di semi di girasole bio)
- 100 g di nocciole tritate
- 2 cucchiaini di lievito per dolci
- 1 pizzico abbondante di cannella

√ **PER LA GLASSA (FACOLTATIVA)**

- 6 cucchiai di zucchero a velo integrale
- 2 cucchiai di acqua
- 1 pizzico di pepe

In una ciotola capiente, mescolate con cura tutti gli ingredienti.

Versate il composto in stampi da muffin in silicone e cuocete in forno statico a 180 °C per 25 minuti.

Preparate la glassa quando i dolcetti si sono ben raffreddati sciogliendo in acqua tiepida lo zucchero.

Prendete i dolcetti, immergetene la "testa" nella glassa, riponeteli su un ripiano e lasciate solidificare. Cospargete la superficie con un pizzico di pepe macinato al momento!

Variante

Vi propongo una versione gluten free: è sufficiente sostituire i 100 g di farina integrale e i 130 g di farina di semola di grano duro rimacinata con 100 g di farina di riso e 50 g di fecola di patate. Il resto degli ingredienti rimane invariato.

Pasta con melanzane, olive taggiasche, capperi e menta

Una ricetta che mi riporta a una vacanza in Grecia e a un meraviglioso pasticcio di pasta con questi ingredienti, un "gustoso" ricordo...

✓ INGREDIENTI PER 4 PERSONE

- 320 g di pasta corta integrale
- 450 g di melanzane
- 80 g di olive taggiasche sottolio denocciolate
- 50 g di capperi sottaceto
- 10 foglioline di menta
- 4 cucchiai di olio evo
- 5 cucchiai di concentrato di pomodoro
- sale

Si può gustare anche tiepida!

Lessate la pasta in acqua poco salata, scolatela al dente e raffreddatela sotto l'acqua corrente. Versatela in una ciotola capiente, condite con un filo d'olio extravergine di oliva e tenete da parte.

Tagliate a cubetti le melanzane, mettetele in una padella antiaderente e, senza aggiungere nulla, fate in modo che durante la cottura rilascino l'acqua di cui sono ricche mescolando in continuazione. Quando iniziano ad ammorbidirsi, aggiungete olio, olive, capperi e concentrato di pomodoro. Lasciate cuocere per circa 10 minuti.

Tritate la menta. Condite la pasta con il sugo di melanzane e la menta tritata.

È una pasta da servire a temperatura ambiente, ma vi assicuro che è squisita anche leggermente intiepidita con un'aggiunta di ricotta dura grattugiata al momento.

#gustoesalute

Il **POMODORO** deve il proprio colore rosso al licopene, un carotenoide dalle note proprietà antiossidanti, antitumorali e antinvecchiamento, che il nostro organismo non è in grado di sintetizzare e che deve essere introdotto con la dieta.

Il licopene è presente in quantità maggiore nel concentrato di pomodoro e nei pomodori cotti e maturi, rispetto a quelli crudi. Questo perché il trattamento termico libera il licopene trattenuto all'interno delle cellule del pomodoro e lo rende molto più assorbibile dall'apparato digerente.

Crêpes al tè matcha

Il tè matcha è una qualità di tè verde molto pregiata ricca di polifenoli, la cui foglia viene prima essiccata e poi polverizzata.

INGREDIENTI PER 6 CRÊPES
- 70 g di farina di farro integrale
- 170 ml di bevanda vegetale a base di soia
- 30 g di zucchero a velo integrale
- 1 cucchiaino di tè matcha
- 2 cucchiai di olio di semi di mais bio
- 120 g di cioccolato fondente all'85%

In una ciotola sbattete la farina con lo zucchero a velo, la polvere di tè matcha, la bevanda a base di soia e l'olio di mais bio. Trovate il tè matcha nei negozi biologici, nelle erboristerie o negli alimentari specializzati in cibi etnici/asiatici.

Scaldate una padellina antiaderente e versate un mestolo di composto. Lasciate cuocere ogni lato per qualche minuto, quindi farcite con cioccolato ridotto a scaglie che si scioglierà all'istante.

Ripiegate e servite.

Il cioccolato
a scaglie
si scioglierà
all'istante!

{ LA CESTA } N.6

**Farina di tipo 2
Spezie
Fagioli cannellini
Verza, Zenzero**

RICETTE

Polpette di cannellini e tonno

Bando al fritto? Assolutamente no se ben fatto, in abbondante olio di arachidi oppure olio evo, ma al massimo una o due volte al mese. Se desideriamo consumare più spesso qualcosa di "croccante", utilizziamo il forno e un buon nebulizzatore di olio!

✓ **INGREDIENTI PER 4 PERSONE**
- 500 g di fagioli cannellini lessati
- 100 g di tonno al naturale
- 1 scalogno
- 1 mazzetto di prezzemolo
- 200 g di pane integrale grattugiato (50-80 g per l'impasto e il restante per la panatura)
- olio evo
- sale

Nel robot da cucina frullate i fagioli con lo scalogno sbucciato, il tonno e il prezzemolo. L'importante è che non risulti una purea, ma un impasto grossolano (nel caso potete anche aggiungere del pane grattugiato per compattarlo un po').
Salate e aggiungete olio evo.
Con un servigelato create delle polpettine, ripassatele nel pane grattugiato e adagiatele su una teglia rivestita di carta forno.
Infornate a 200 °C per circa 20 minuti dopo averle oliate in superficie.

Varianti

Non volete utilizzare il tonno? Sostituitelo con 60 g di formaggio grattugiato oppure con 80 g di tofu.

Omini di pan di zenzero

Non può esistere Natale senza omino di pan di zenzero, magari da accompagnare a una cioccolata calda oppure da regalare agli amici o da appendere all'albero!

✓ INGREDIENTI
PER 6/8 OMINI
DI PAN DI ZENZERO

- 250 g di farina di tipo 2
- 60 ml di olio di semi di mais bio
- 70 g circa di bevanda vegetale a base di soia
- 60 g di zucchero mascobado
- 1 cucchiaino di zenzero in polvere
- 1 cucchiaio di miele
- 1 cucchiaino di cannella
- 1 cucchiaino di bicarbonato (o di lievito per dolci)
- 1 cucchiaino di noce moscata
- 1 pizzico di sale

In una ciotola riunite gli ingredienti secchi: mescolate insieme farina, zucchero, lievito e spezie e un pizzico di sale.

Aggiungete miele, olio di mais bio e la bevanda a base di soia poco per volta e mescolate. In poco tempo otterrete un impasto pronto per essere lavorato con le mani.

Stendete il composto a uno spessore di qualche centimetro con un mattarello e con il classico stampino da "pan di zenzero" ritagliate gli omini.

Disponeteli su una teglia rivestita con carta forno e cuoceteli a 160-170 °C per non più di 10 minuti.

Un'idea regalo per Natale!

Usate il timo fresco,
il piatto avrà
un profumo incredibile!

Orzotto con crema di peperoni e caprino

Adoro l'orzo, l'avena, il farro: risottati, in zuppa e freddi o tiepidi in insalata... e questa è proprio una delle mie ricette preferite!

✓ INGREDIENTI PER 4 PERSONE

- 320 g di orzo precotto
- 300 g di peperoni rossi
- 1 cipollotto
- 40 g di pinoli
- 20 g di capperi sottolio o sotto sale
- 200 g di caprino fresco
- timo fresco
- olio evo
- sale

Lessate l'orzo in una quantità d'acqua poco salata pari al doppio del suo volume e lasciatelo cuocere fino a totale assorbimento.

Nel frattempo lavate e tagliate i peperoni a listarelle. Fateli appassire in padella con poca acqua e poco olio, il timo e il cipollotto affettato. Una volta stufati, frullateli con il caprino e l'olio evo a filo.

In un padellino antiaderente fate tostare i pinoli.

Frullate un paio di cucchiai di orzo con un paio di cucchiai di acqua tiepida. Quindi in una casseruola versate l'orzo, l'orzo frullato e la crema di peperoni. Cuocete per 5 minuti in modo che gli ingredienti si amalgamino bene tra di loro.

Servite con timo e qualche cappero messo qua e là.

Ricordatevi, se usate i capperi sotto sale, di sciacquarli bene sotto l'acqua corrente per eliminare il sale in eccesso.

Variante

Per una versione sfiziosa, potete sostituire il caprino con lo yogurt greco nella stessa quantità. Guarnite il tutto con qualche pomodoro secco.

#gustoesalute

I **PEPERONI** sono uno dei protagonisti indiscussi della cucina durante le stagioni calde: non solo li portiamo in tavola in tutte le salse, ma li utilizziamo per preparare conserve, che ce li renderanno disponibili durante autunno e inverno. I peperoni sono ricchi di fosforo e potassio, oltre che di vitamine: contengono più **VITAMINA C** di tutti gli altri ortaggi! 100 g di peperoni ne apportano ben 153 mg (per capirci, la medesima quantità di arance ne apporta 50 mg…). L'altra vitamina che caratterizza i peperoni è la P, che aiuta a rinforzare il sistema cardiovascolare agendo sull'elasticità dei vasi sanguigni e protegge la prostata dalle patologie correlate. In questa ricetta li utilizzo insieme all'orzo per un piatto buonissimo e pieno di salute che aiuta a combattere il colesterolo in eccesso!

Focaccine morbide con semi e olive

Un aperitivo sano o una gustosa merenda salata... Le focaccine fatte in casa sono una soluzione buona e salutare!

✓ INGREDIENTI
PER 8/10 FOCACCINE

- 250 g di farina di tipo 1
- 1/3 di panetto di lievito di birra fresco (circa 8 g)
- 135 ml di latte
- 2 cucchiai di olio evo
- 60 g di olive taggiasche denocciolate
- 70 g di semi (girasole, papavero, finocchietto)
- sale

Fate sciogliere il lievito nel latte tiepido.

Lavorate la farina con il latte, e solo dopo aver creato l'impasto unite un pizzico di sale e l'olio. Se necessario, potete aggiungere dell'acqua, goccia a goccia. Dovrete ottenere infatti un composto morbido e liscio.

Lavoratelo in modo energico e lasciate riposare per circa 1 ora a temperatura ambiente. Poi aggiungete i semi e le olive e dividete l'impasto in dischetti.

Lasciate lievitare per altre 2 ore circa direttamente su una teglia foderata con carta forno. Cuocete quindi in forno a 220 °C per 5 minuti e poi abbassate a 180 °C per altri 5-7 minuti.

Involtini di verza e purea di cannellini

Molto spesso mi chiedete piatti che siano veloci da preparare, magari in anticipo, all'insegna di prodotti di stagione. Provate questi involtini, sono squisiti!

INGREDIENTI PER 4 PERSONE
- 400 g di verza
- 250 g di fagioli cannellini lessati
- 50 g di capperi sottaceto
- olio evo
- pepe

Si possono creare degli involtini mono-boccone!

Mondate la verza e sbollentate le foglie in abbondante acqua sino a renderle tenere. Ci vorranno circa 7-8 minuti. Quindi recuperatele prestando attenzione a mantenerle intatte. Tagliatele a metà se necessario e se volete creare degli involtini mono-boccone!

Per il ripieno, frullate i fagioli insieme ai capperi, aggiungete un pizzico di pepe e un filo di olio extravergine di oliva.

Spalmate un po' di ripieno al centro delle foglie una volta raffreddate, infine arrotolatele.

È un involtino da servire a temperatura ambiente, per renderlo ancora più bello chiudetelo con un filo di erba cipollina.

La verza è economica, fa sì che non si butti via nulla e se fresca si conserva a lungo. Si possono usare le foglie esterne, meno belle, tritate insieme a una cipolla per un risotto, le foglie più belle per gli involtini e tutto quello che resta per una zuppa con orzo, cannellini, carote e porri...

Pan dei morti

Il pan dei morti è un dolce tipico della tradizione, ecco qui la mia versione!

**INGREDIENTI
PER 8/10 PAN DEI MORTI**

- 100 g di farina di tipo 2
- 100 g di mandorle
- 100 g di datteri non glassati (più o meno sono 4)
- 40 g di zucchero mascobado
- 1 cucchiaio di cacao amaro in polvere
- ½ cucchiaino di lievito per dolci
- 1 cucchiaino di mix di spezie (cardamomo, cannella, chiodi di garofano, coriandolo)
- 30 g di olio di semi di mais bio
- 100 ml circa di bevanda vegetale a base di soia
- 1 cucchiaio di zucchero a velo integrale

Frullate nel mixer lo zucchero mascobado e le mandorle fino a ridurre il tutto in polvere. Aggiungete la farina, il cacao, il lievito, il mix di spezie e i datteri denocciolati e frullate ancora.

Trasferite il composto ottenuto in una grossa ciotola e unite poco per volta l'olio e la bevanda a base di soia fino a ottenere un impasto morbido ma non liquido.

Prelevatene un cucchiaio e disponetelo su una teglia foderata con carta forno dandogli una forma leggermente ovoidale. Procedete così fino a esaurirlo.

Cuocete in forno statico a 180 °C per 15-20 minuti.

Lasciate raffreddare e cospargete di zucchero a velo.

{ LA CESTA N.7 }

Pomodori secchi
Pisellini (surgelati)
Salmone, Pomodori
Peperoni grigliati (surgelati)
Farina di grano duro
integrale rimacinata

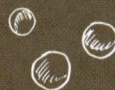

RICETTE

Torta rustica

Una torta che si sposa bene con una buona confettura oppure da accompagnare a yogurt o latte...

INGREDIENTI PER 8 PERSONE
- 120 g di farina di mais fioretto
- 150 g di farina di grano duro integrale rimacinata
- 30 g di farina di grano saraceno
- 1 bustina di lievito per dolci
- 70 g di zucchero mascobado
- 40 ml di olio di semi di mais bio
- 60 g di uvetta
- 60 g di noci sbriciolate
- 180 ml di latte

In una ciotola capiente, mescolate tra loro tutti gli ingredienti secchi; quindi aggiungete poco alla volta uvetta, noci, latte e olio.
Versate il composto in una tortiera del diametro di 23 cm foderata con carta forno e cuocete in forno a 180 °C per 30 minuti circa.

Questa ricetta è nata per caso: come ho sperimentato io, sbizzarritevi anche voi con gli ingredienti che avete in casa.
È una torta piuttosto asciutta, ideale per la colazione. Provatela anche tagliandola a metà e farcendola con 150 g della vostra confettura preferita oppure con 250 g di ricotta fresca "montata" con un paio di cucchiai di miele.

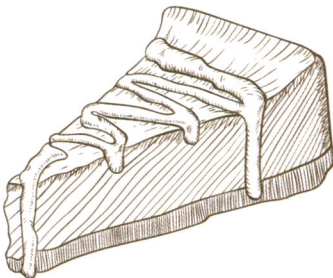

Bruschetta con mousse di pisellini e menta

Un vero piatto unico se lo accompagnate a del buon pane integrale: mangiate un paio di fette in più e il pranzo è fatto!

✓ **INGREDIENTI PER 6 PERSONE**
- 250 g di pisellini surgelati
- 50 g di caprino fresco
- 15 foglioline di menta fresca (6 foglie da tenere da parte per guarnire)
- un paio di cucchiai di acqua
- 25 ml di olio evo delicato
- sale e pepe
- 6 fette di pane integrale

Iniziate tostando le fette di pane integrale.
Sbollentate i pisellini in acqua non salata.
Una volta cotti scolateli e unitevi il caprino, le foglie di menta, l'olio, un pizzico di sale e il pepe.
Miscelate tutti gli ingredienti con un frullatore a immersione o con un robot da cucina fino a ottenere una salsa vellutata.
Aggiungete, solo se davvero necessario, poca acqua per volta.
Spalmate sulle fette di pane e servite con una fogliolina di menta per guarnire.

Se non avete i pisellini surgelati, potete usare quelli in scatola o quelli secchi, ma in questo caso il colore della mousse sarà un po' più spento.

Varianti

Potete sostituire i pisellini con le fave o con la soia edamame, mantenendo invariate le quantità.

#gustoesalute

Un bel **CAFFÈ** per ridurre l'infiammazione? Perché no! La caffeina ingerita entra in circolo in 30 minuti, viene assorbita al 99% nel giro di 1 ora, ha il suo picco massimo dopo 2 ore dall'assunzione, ha una emivita di 2,5-4,5 ore.

Il caffè protegge il cuore, previene alcune forme tumorali e ha proprietà antinfiammatorie che sembrano essere correlate al contenuto di polifenoli, soprattutto di acido clorogenico. Sull'apparato gastrointestinale la caffeina agisce aumentando la secrezione di acido cloridrico e pepsina nello stomaco, pertanto il caffè non è indicato nei soggetti con gastrite e ulcera. È bene sottolineare però che la caffeina non causa reflusso gastroesofageo, gastrite o ulcera nei soggetti sani.

Ciambellone con salsa allo yogurt

√ **INGREDIENTI PER 8 PERSONE**
- 200 g di farina di tipo 1
- 80 g di fecola di patate
- 80 ml di olio di semi di mais bio
- 80 g di zucchero mascobado
- 250 ml di latte
- 100 g di mandorle
- 1 bustina di lievito per dolci
- 2 limoni bio

√ **PER LA SALSA**
- 300 g di yogurt greco
- 2 cucchiai di zucchero a velo integrale
- 150 g di lamponi

Tritate le mandorle non troppo finemente.
In una ciotola, mescolate la farina con la fecola, lo zucchero, le mandorle tritate e il lievito. Aggiungete l'olio, il latte e la scorza dei limoni grattugiata. Mescolate con energia incorporando più aria possibile.
Versate l'impasto in uno stampo da ciambellone leggermente unto con olio e infarinato e cuocete in forno a 170 °C per circa 40 minuti.
Nel frattempo preparate la salsa che accompagnerà il vostro ciambellone montando con una frusta lo yogurt greco con lo zucchero a velo.
Servite poi il ciambellone con la salsa e dei lamponi per guarnire.

Variante

√ **INGREDIENTI PER 8 PERSONE**
- 200 g di farina di tipo 1
- 80 g di fecola di patate
- 80 ml di olio di semi di mais bio
- 80 g di zucchero mascobado
- 1 cucchiaio di cacao amaro in polvere
- 80 g di gocce di cioccolato
- 80 g di nocciole
- 250 ml di bevanda vegetale alla mandorla o a base di soia
- 1 bustina di lievito per dolci

Ciambellone al cioccolato e nocciole
Tritate le nocciole.
In una ciotola, amalgamate la farina con la fecola, il cacao, lo zucchero, le nocciole tritate e il lievito.
Aggiungete l'olio, la bevanda vegetale e le gocce di cioccolato.
Mescolate con energia incorporando più aria possibile.
Versate l'impasto nello stampo da ciambellone e cuocete in forno a 170 °C per circa 40 minuti.

Pomodorini e cipolla appassiti al forno

La cipolla è una grande alleata per la lotta alle infiammazioni grazie alla presenza di quercetina, che ha una forte proprietà antiossidante e detossicante.

INGREDIENTI PER 4 PERSONE
- 500 g di pomodorini ciliegino
- 2 cipolle rosse di Tropea
- origano/rosmarino
- olio evo
- sale e pepe

Sbucciate le cipolle e tagliatele a spicchi grossolani.
Lavate e asciugate i pomodorini. Tagliateli a metà con un coltellino affilato, quindi disponeteli in una pirofila, cospargete di aromi e di spicchi di cipolla rossa qua e là e condite con sale, pepe e un filo di olio.
Infornate per circa 20 minuti a 220 °C.

Questa preparazione è ideale per delle bruschette o semplicemente per condire una pasta (integrale)!
Se decidete di utilizzarlo come condimento potete arricchirlo con qualche filetto d'acciuga o qualche fiocchetto di mozzarella di bufala aggiunta all'ultimo momento.

Dopo

Prima

Pasta con pesto di rucola e salmone croccante

Un primo piatto "rubato" a casa di amici e che mi ha conquistato fin dalla prima forchettata.

✓ **INGREDIENTI PER 4 PERSONE**
- 320 g di farfalle integrali
- 150 g di rucola
- 400 g di salmone
- 100 g di feta
- 30 g di granella di pistacchi
- 30 g di semi di canapa
- 100 ml di spremuta di arancia
- 4 cucchiai di olio evo
- 1 manciata di pomodori secchi sottolio
- sale

Lessate la pasta in abbondante acqua leggermente salata. Scolatela al dente e raffreddatela sotto l'acqua.

Lavate e asciugate la rucola. Frullatela con l'olio e la feta, aggiungendo qualche cucchiaio di acqua.

Cuocete il salmone in una padella antiaderente con la sola aggiunta di qualche granello di sale. Dopo aver cotto da entrambi i lati per 2 minuti, versate la spremuta di arancia e lasciate caramellare, fino a che il succo non sarà evaporato.

Condite la pasta con il pesto, ripassatela velocemente in padella con un paio di cucchiai di acqua e quindi servitela insieme al salmone spadellato, qualche pomodoro secco tritato, la granella di pistacchi e i semi di canapa.

Variante

Se volete potete sostituire la rucola con gli spinacini novelli.

#gustoesalute

Attenzione ai grassi animali e ad alcuni di quelli vegetali come l'olio di arachidi: sono particolarmente ricchi di **ACIDO ARACHIDONICO**, una sostanza che favorisce l'**INFIAMMAZIONE**. Per questo motivo la parola magica è "parsimonia" nel consumo di carne (soprattutto quella rossa), insaccati, uova. Al contrario, meglio preferire pesce azzurro e alimenti vegetali in quanto contribuiscono al regresso dell'infiammazione.

Anche i latticini contengono acido arachidonico, malgrado forniscano sostanze importanti come il calcio e la vitamina D; la miglior scelta sono i latticini magri (1,5% di grassi) e i formaggi con al massimo il 45% di materia grassa: minore è la percentuale di materia grassa, minore è il tenore di acido arachidonico.

#gustoesalute

FODMAP è un acronimo che sta per "Fermentable Oligosaccharides, Disaccharides, Mono-saccharides and Polyols". Più semplicemente si tratta di **ZUCCHERI DALL'ALTO POTERE FERMENTATIVO** (fruttosio, lattosio, fruttani, xilitolo). Una dieta ricca di questi zuccheri alimenta i sintomi più comuni della sindrome dell'**INTESTINO IRRITABILE** (pancia gonfia, meteorismo, dolori addominali, irregolarità intestinali). Al contrario, secondo uno studio della University of Michigan (USA) pubblicato su *Gastroenterology*, una "low-FODMAP" porta a una riduzione dei sintomi.

Proprio quando la sindrome si presenta in fase acuta è opportuno seguire per un periodo di tempo la Dieta a basso contenuto di FODMAP (low-FODMAP).

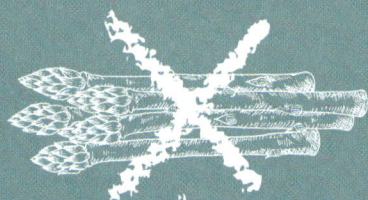

Quali sono quindi gli alimenti da evitare, o comunque limitare, e quelli da preferire? Per quanto riguarda la **FRUTTA**, meglio banana, arancia, uva e melone, mentre risultano particolarmente fermentabili anguria, pesche, mele e pere. Per le **VERDURE**, risultano preferibili zucchine, lattuga, pomodoro, fagiolini, sono invece da evitare asparagi, cipolla, aglio, barbabietola, cavolo verza. Tra gli alimenti a basso contenuto di FODMAP sono indicati anche pesce e prodotti senza glutine come riso, quinoa e amaranto. Del mondo dei **LATTICINI** sono ammessi quelli prodotti con latte privo di lattosio.

Bisogna però ricordare che la dieta low-FODMAP non può essere seguita per lunghi periodi e che gli alimenti eliminati andranno piano piano reinseriti.

Pizza

Non può esserci settimana senza un paio di pizze come pranzo o cena... Denominatore comune? Tanta verdura, pochissimo formaggio e abbondante salsa!

✓ **INGREDIENTI PER 4/6 PERSONE**
- 1 kg di farina di tipo 1
- 500 ml di acqua
- 50 g di olio evo
- 20 g di sale
- 3 g di lievito di birra fresco
- salsa di pomodoro
- q.b. peperoni grigliati (surgelati)

Fate sciogliere il lievito in un po' di acqua tiepida. Mescolate con cura tutti gli ingredienti eccetto il sale, che dovrà essere aggiunto solo dopo che la farina avrà assorbito tutta l'acqua. Lavorate l'impasto fino a che non diventa asciutto, ripiegatelo più volte su se stesso e lasciatelo, infine, lievitare in frigorifero, nella parte più bassa, per 24 ore.

Una volta trascorso il tempo, recuperate l'impasto, mettetelo in una teglia foderata con carta forno e stendetelo con cura. Lasciate riposare a temperatura ambiente per 30 minuti, condite con salsa di pomodoro, peperoni grigliati surgelati (o verdure a piacere), olio evo e infornate per 20 minuti circa a 220 °C.

Variante

✓ **INGREDIENTI PER 4/6 PERSONE**
- 1 cavolfiore
- 2 albumi
- 3 cucchiai di olio evo
- sale e pepe

Senza glutine

Frullate il cavolfiore crudo nel robot da cucina fino a ottenere una polvere, mescolatelo poi con un pizzico di sale, 3 cucchiai di olio e gli albumi.

Stendete il composto sulla teglia foderata con carta forno.

Cuocete per 30 minuti a 200 °C, condite con salsa di pomodoro e mozzarella e proseguite la cottura per altri 10 minuti.

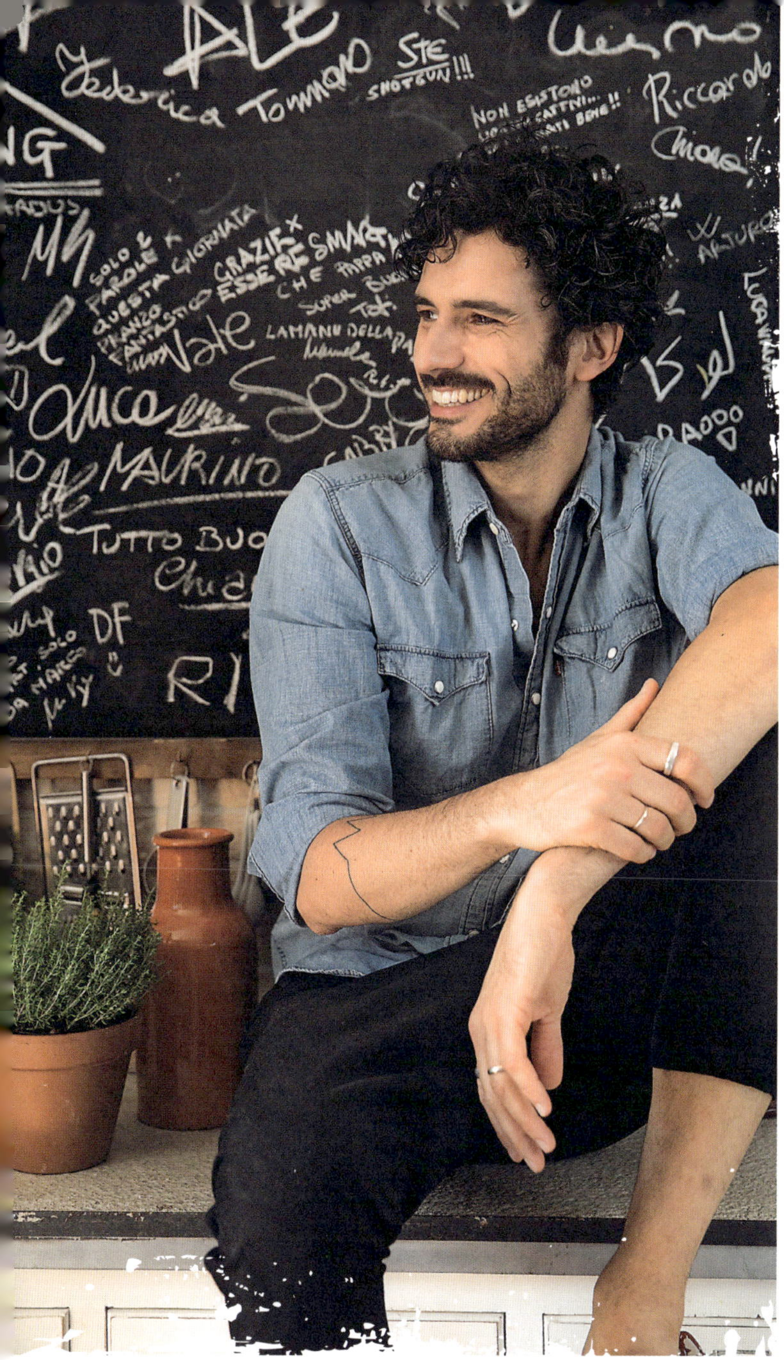
ALE
Tommaso
STE
SHOTGUN!!!
Riccardo
Vale
MAURINO
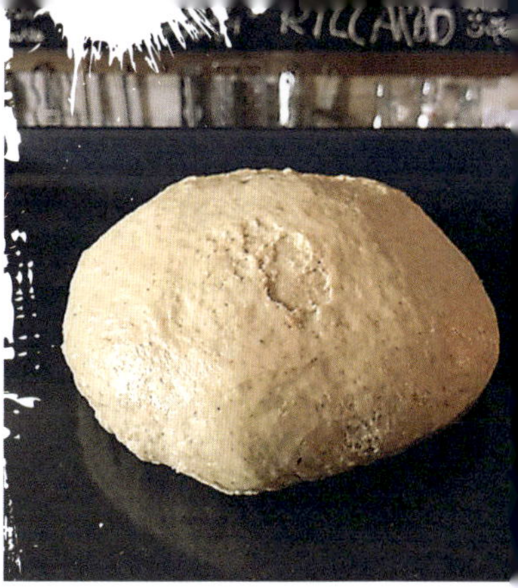
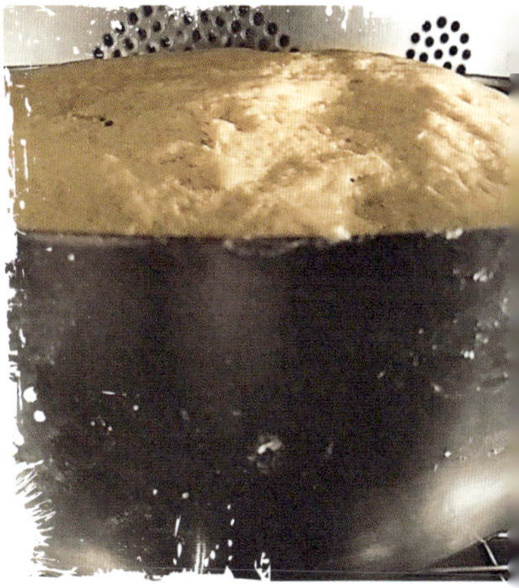
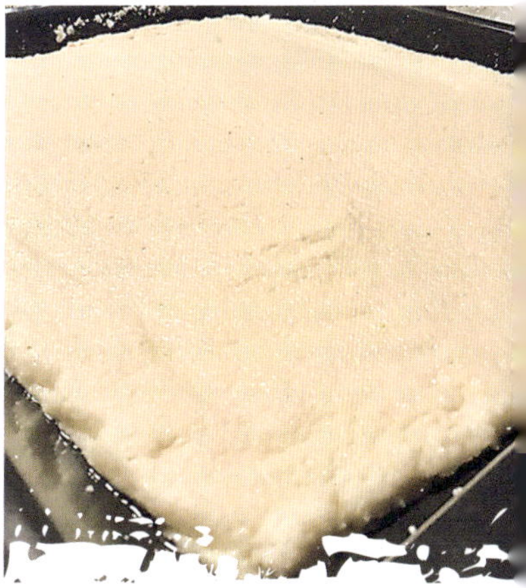
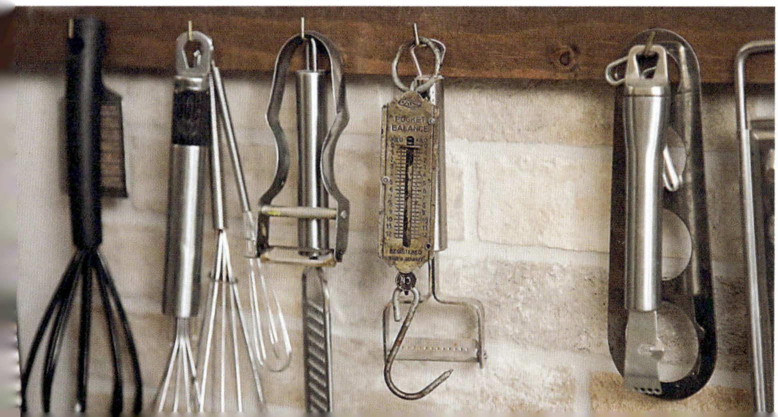
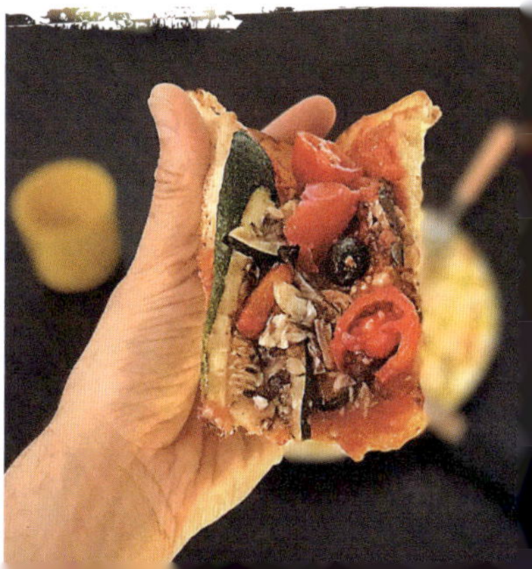

Bruschetta con salsa mediterranea

Vivienne la ama molto e lascio che vi aggiunga altri aromi. Anche se c'è già l'origano? Sì. Mai frenare le iniziative dei bambini in cucina!

INGREDIENTI PER 6 PERSONE

- 250 g di pomodori secchi sotto sale (reidratati in acqua) o sottolio
- 100 ml di passata di pomodoro
- 15 g di zucchero mascobado
- 1 pizzico di origano secco
- 30 g di cipolla rossa
- 20 g di capperi sottaceto
- 25 ml di olio evo delicato
- 6 fette di pane integrale

Tostate le fette di pane integrale.

Miscelate tutti gli ingredienti con un frullatore a immersione o con un robot da cucina fino a ottenere una salsa vellutata. Tenete da parte un pomodoro secco per la guarnizione e tagliatelo a striscioline.

Servite spalmando la salsa sulle fette di pane e guarnite con una strisciolina di pomodoro secco.

Potete usare questa salsa come condimento per orzo e farro: sarà un binomio molto gustoso!

Con questa salsa si possono condire anche orzo e farro!

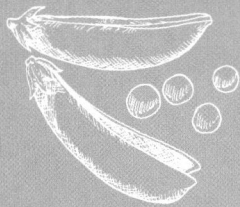

**Lenticchie
Ricotta, Quinoa
Funghi, Spinaci
Cavolfiore**

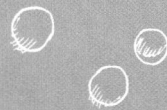

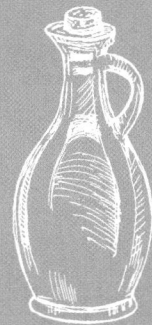

RICETTE

Tagliatelle con crema di ricotta, funghi e zucca

Ho proposto questa ricetta in tv, accanto alla carissima Antonella Clerici. Ha conquistato tutti, spero che conquisti anche voi.

INGREDIENTI PER 4 PERSONE

- 320 g di tagliatelle secche all'uovo
- 250 g di ricotta fresca
- 300 g di zucca mantovana
- 150 g di funghi champignon
- 50 g di funghi secchi
- 1 scalogno
- 20 ml di olio evo
- 10 fili di erba cipollina
- sale e pepe

Lavate, sbucciate e tagliate a cubetti la zucca. Sbucciate e tritate lo scalogno.

In una padella con poca acqua stufate la zucca con lo scalogno. Una volta cotta, frullatela con la ricotta e condite la crema con olio, sale e pepe.

Mettete i funghi secchi in ammollo in acqua per circa 15 minuti, poi scolateli e spadellateli con olio, sale e pepe insieme a quelli freschi puliti e affettati. Non aggiungete acqua perché ne rilasceranno molta.

Una volta cotti i funghi, teneteli da parte.

Lessate la pasta in abbondante acqua poco salata, scolatela al dente e raffreddatela sotto l'acqua.

Condite la pasta con la crema di ricotta e zucca, i funghi e l'erba cipollina tritata al momento. Spadellate velocemente con un filo di olio e servite.

Lo stesso condimento è perfetto anche con la pasta fresca integrale o i pizzoccheri.

Quinoa d'autunno

La quinoa ha un alto contenuto proteico, oltre a essere ricca di calcio e di grassi buoni. Se però non è di vostro gradimento, potete sostituirla con il cous cous.

✓ INGREDIENTI PER 4 PERSONE

- 320 g di quinoa
- 500 g di broccoli
- 3 carote
- 150 g di olive taggiasche sottolio denocciolate
- 80 g di pomodori secchi sottolio
- 3 rametti di prezzemolo
- olio evo
- 1 limone bio

Cuocete la quinoa a vapore, o in acqua portata a bollore, previo risciacquo sotto acqua corrente in un colino a maglia fine. Ci vorranno all'incirca 20 minuti.

Pulite e riducete il broccolo a cimette e unitelo alla quinoa dopo i primi 10 minuti di cottura.

Nel frattempo pelate e tagliate le carote a brunoise (cioè a dadini piccolissimi), tritate il prezzemolo con i pomodori e le olive.

Quando la quinoa si è intiepidita, conditela con il trito preparato, un filo di olio e il succo e la scorza di limone.

Insalata di lenticchie

Il mio consiglio è di preparare le lenticchie in abbondanza e di congelarle. Infatti in freezer si mantengono benissimo sia i legumi sia i cereali cotti.

INGREDIENTI PER 4 PERSONE
- 600 g di lenticchie lessate (o 250 g di lenticchie piccole secche)
- 80 g di pomodori secchi sottolio
- 1 mazzetto di prezzemolo
- 1 porro
- ½ cm di radice di zenzero
- olio evo
- 1 limone

Condite le lenticchie con un trito di pomodori secchi, porro e prezzemolo, tutto a crudo.

Se utilizzate le lenticchie secche, per cui ormai non è più necessario l'ammollo, fatele cuocere per 20 minuti.

Aggiungete un filo di olio, il succo di limone e una grattugiata di zenzero prima di servire. Mentre potete giocare con tutti gli ingredienti, il succo di limone è insostituibile per poter assimilare tutto il ferro che i pomodorini secchi e le lenticchie contengono.

Pasta al cavolfiore

Prendete fiato e organizzatevi, perché questo primo piatto è stratosferico se preparato in anticipo e servito spadellato o ripassato in forno!

✓ INGREDIENTI PER 4 PERSONE

- 320 g di pasta integrale
- 50 g di uvetta
- 1 cavolfiore
- 1 cipolla
- 4 acciughe sottolio
- 70 g di noci
- prezzemolo
- peperoncino
- olio evo
- sale

Mettete l'uvetta in ammollo in acqua per circa 15 minuti, quindi strizzatela e trasferitela in una padella con le acciughe e il prezzemolo lavato e tritato insieme alle noci e alla cipolla; aggiungete olio e peperoncino. Fate cuocere a fuoco dolcissimo finché le acciughe non si sciolgono.

Lavate e lessate il cavolfiore in acqua non salata. Una volta cotto, scolatelo e frullatene una piccola parte (una decina di cimette saranno sufficienti). Unite le cimette frullate al condimento a base di acciughe preparato nella padella, quindi mescolate per bene.

Lessate la pasta in abbondante acqua poco salata, scolatela al dente e conditela con la crema di cavolfiore e le restanti cimette non frullate.

Varianti

Potete sostituire il cavolfiore con il broccolo romanesco, con i cavolfiori colorati o con i cavoletti di Bruxelles.

#gustoesalute

VITAMINA C, non solo negli agrumi! Ci sono tantissimi alimenti che ne sono ricchi. Qualche numero? Il fabbisogno giornaliero di vitamina C suggerito è di 60 mg. Il succo di mezzo limone ne contiene 22 mg. 100 g di rucola (una manciata) ne contengono 15 mg. 150 g di fragole ne contengono 80 mg. Un pomodoro di medie dimensioni contiene ben 50 mg di vitamina C. Un etto di peperone crudo invece ne ha il quadruplo rispetto a un'arancia. E parlando sempre di arance, a parità di peso ne contiene di più anche il cavolfiore, se mangiato crudo. Quindi provatelo in pinzimonio, con olio evo, sale, pepe e senape in polvere! Non riuscirete più a farne a meno!

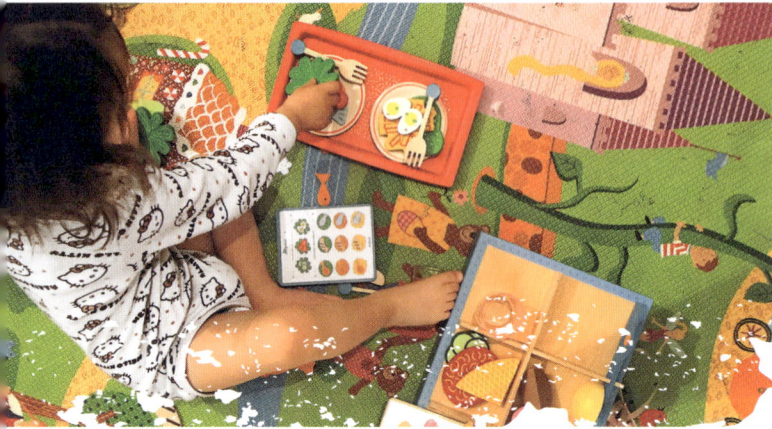

Torta di mele leggerissima

La torta di mele sa proprio di casa, il suo profumo per me non ha paragoni, equivale a famiglia, ricordi e tanto amore...

INGREDIENTI PER 8 PERSONE

- 500 g di mele
- 250 g di farina integrale
- 40 g di stevia
- 50 ml di olio evo
- 200 ml di latte
- 70 g di albicocche disidratate
- 1 bustina di lievito per dolci
- 1 limone bio

Sbucciate e tagliate le mele in piccoli pezzi. In una ciotola riunite la farina integrale, la stevia, il lievito, la scorza di limone grattugiata e mescolate. Aggiungete il latte, l'olio extravergine di oliva, le albicocche disidratate a pezzetti, le mele e il succo del limone. Versate il composto in una tortiera foderata con carta forno e cuocete in forno a 180 °C per 45 minuti.

Questa ricetta è nata per un bimbo diabetico e quindi non contiene zuccheri aggiunti; per darle un tocco in più potete arricchirla anche con della cannella.

Crema di cavolfiore, sedano rapa e yogurt greco

Una ricetta davvero povera, nata per caso. Da quel momento, però, è diventata un mio cavallo di battaglia. Ideale anche come "benvenuto" a una cena tra amici.

✓ **INGREDIENTI PER 4 PERSONE**
- 400 g di sedano rapa
- 400 g di cavolfiore
- 250 g di yogurt greco 0%
- pistilli di zafferano
- olio evo
- sale e pepe

Lavate e sbucciate il sedano rapa. Lavate anche il cavolfiore.

Lessate sedano rapa e cavolfiore, ridotti in piccoli pezzi, in pochissima acqua. Una volta ammorbiditi, scolateli e frullateli fino a ottenere una crema liscia e senza grumi.

Aggiungete lo yogurt e un filo di olio e frullate ancora.

Regolate di sale e pepe.

Servite distribuendo qua e là pistilli di zafferano.

#gustoesalute

Paura dell'**ACQUA DEL RUBINETTO**? Perché?! I nostri acquedotti sono attentamente controllati, non bisogna temere.

Il calcare da cui tutti sono spaventati non è altro che carbonato di calcio, cioè un'ottima fonte di calcio, e non è assolutamente correlato alla formazione di calcoli, che sono invece costituiti da ossalato di calcio... Tutto questo, ovviamente, a patto che non siamo dei ferri da stiro (il carbonato di calcio rovina solo le parti metalliche!).

Un altro timore nazionale è il **RESIDUO FISSO**, non è sinonimo di qualcosa di brutto e negativo. Con questo termine tecnico riportato in etichetta si indica il **CONTENUTO DI SALI** disciolti dopo l'evaporazione di un litro di acqua a 180 gradi.

Un'acqua con alto valore di residuo fisso sarà più ricca di sali minerali di un'acqua con basso residuo fisso. Tutto qui. Sarà il medico a consigliare la più idonea a ciascuna persona.

Pasta al verde

Costano poco e spesso ne acquistiamo in abbondanza. Parlo degli spinaci... Se non sapete come consumarli, ci penso io: ecco il piatto che fa al caso vostro. Questa ricetta nasce durante la dolce attesa di Veru ed essendo gli spinaci ricchi di folati (come tutte le verdure a foglia verde) ho deciso di preparare il condimento con tenerissimi spinacini novelli a crudo. Nulla vieta di sbollentarli un momento prima di frullarli!

✓ INGREDIENTI PER 4 PERSONE

- 320 g di pasta di grano saraceno
- 100 g di spinacini novelli
- 120 g di noci
- 80 g di quartirolo lombardo
- acqua
- olio evo
- sale

Fate cuocere la pasta in abbondante acqua poco salata.

Nel frattempo frullate tutti i restanti ingredienti fino a ottenere una crema omogenea. Fate attenzione e aggiungete poca acqua per volta per raggiungere la giusta consistenza.

Scolate la pasta al dente e conditela con la salsa preparata.

Il grano saraceno non contiene glutine, è molto proteico, ricco di fibre e di sali minerali. Se però in casa avete solo la pasta integrale, non preoccupatevi, siete perdonati ;-) Andrà benissimo lo stesso!

{ LA CESTA N.9 }

**Mandorle, Pomodori
Albicocche
Peperoni, Ricotta
Cetriolo**

RICETTE

Gazpacho "classico"

Un tripudio di vitamina C, carotenoidi, quercetina, fibre e antociani... insomma, un concentrato di gusto e di salute.

√ **INGREDIENTI PER 4 PERSONE**
- 1 l di salsa di pomodoro
- 4 pomodori maturi
- 2 cipolle rosse
- 2 peperoni (1 rosso, 1 verde)
- 2 cetrioli
- 1 mango
- 5 cucchiai di olio evo
- il succo di ½ limone
- Tabasco
- pane integrale
- sale e pepe

Sbucciate e tritate finemente le cipolle e mettetele in una ciotola. Sbucciate e tagliate a brunoise (cioè a dadini piccolissimi) il mango, i pomodori, i cetrioli e i peperoni.

Unite questi ingredienti alle cipolle e irrorate con del Tabasco, il succo di limone e l'olio evo. Mescolate bene, aggiungete la salsa di pomodoro, salate e pepate.

Lasciate in frigorifero un paio d'ore prima di servire, quindi portate in tavola e accompagnate con crostini di pane integrale.

Variante

√ **INGREDIENTI PER 4 PERSONE**
- 1 cipolla bianca
- 6 cetrioli piccoli
- 2 peperoni verdi dolci
- 250 g di spinacini novelli
- 50 g di basilico
- 20 g di prezzemolo
- 150 ml di olio evo
- 50 g di yogurt greco 0%
- 1 cucchiaino di zucchero mascobado
- pane integrale
- sale e pepe

Gazpacho verde

Per prima cosa tostate il pane: bisogna semplicemente biscottarlo, senza bruciarlo! Quindi passatelo in forno a 180 °C per 15 minuti.

Adesso pelate i cetrioli e trasferiteli in un robot da cucina insieme alla cipolla, agli spinacini novelli, al basilico, al prezzemolo e ai peperoni verdi. Azionate il robot.

Dopo pochi minuti aggiungete lo yogurt, l'olio, il sale, lo zucchero e il pepe. Frullate nuovamente fino a ottenere una crema dallo splendido colore verde... Servitela con un filo di olio aggiunto al momento e i crostini di pane biscottato.

Verde

Classico

#gustoesalute

Mangiare **SOIA E DERIVATI**, come il tofu e bevande a base di soia (non zuccherate), permette di ridurre il colesterolo cattivo; diversi sono gli effetti protettivi riconosciuti dal mondo scientifico, sia nei confronti di alcune forme tumorali sia perché capace di agire sul colesterolo LDL: con un consumo costante, può ridursi tra il 10% e il 15% all'interno di una dieta equilibrata e sana. La soia è considerata la fonte principale di proteine vegetali, con una concentrazione pari al 42% del contenuto totale e riveste un ruolo protettivo soprattutto quando è sotto forma di fagioli (soia gialla, edamame), tofu e tempeh, mentre un minor effetto proviene dalla bevanda di soia e nessuno dalla salsa di soia, un condimento molto ricco di sale.

Insalata di albicocche e mango

Impariamo sempre di più a portare la frutta all'interno dei nostri pasti. Non deve essere un extra, ma far parte del nostro piatto principale. Quindi via libera alle insalatone con frutta!

✓ INGREDIENTI PER 4 PERSONE

- 6 albicocche
- 1 mango maturo
- 250 g di feta
- 250 g di rucola
- 100 g di lattuga
- 1 mela granny smith

✓ PER CONDIRE

- 3 cucchiai di succo di limone
- 3 cucchiai di olio evo
- 1 cucchiaino di miele
- 5 foglioline di menta
- 1 pizzico di sale

Spadellate velocemente le albicocche, quindi tagliatele in spicchietti.

Lavate e asciugate la rucola e la lattuga.

Sbucciate e riducete a cubetti il mango e la mela.

Preparate il condimento frullando insieme il limone, il miele, l'olio, le foglie di menta e il sale.

Create un letto di rucola e lattuga spezzettate con le mani. Disponetevi sopra le albicocche, il mango e la mela e cospargete di feta sbriciolata. Condite con l'emulsione e portate in tavola!

Pizzoccheri alla trapanese

I miei piatti preferiti? Pizzoccheri (a modo mio!), pizza (integrale, con verdure e tanta, tanta salsa di pomodoro), hummus di ceci e pasta (integrale) al pomodoro con feta sbriciolata o ricotta dura.

✓ INGREDIENTI PER 4 PERSONE

- 320 g di pizzoccheri
- 50 g di pane integrale grattugiato
- 50 g di mandorle sgusciate
- 5 pomodori secchi sottolio
- 5 pomodori maturi
- 10 foglie di basilico
- 1 spicchio di aglio
- olio evo
- sale e pepe

Cuocete i pizzoccheri in acqua leggermente salata e tostate il pane grattugiato in una padella antiaderente.

Nel frattempo, preparate il pesto: nel bicchiere del robot da cucina versate le mandorle, i pomodori secchi, il pane grattugiato, i pomodori freschi lavati e tagliati a pezzetti, il basilico, l'aglio (anche solo mezzo spicchio in base ai gusti) e qualche cucchiaio di olio extravergine di oliva. Frullate fino a raggiungere una consistenza cremosa.

Quando i pizzoccheri saranno pronti, scolateli, raffreddateli sotto l'acqua e conditeli con il pesto. Ripassateli velocemente in padella con olio evo.

Prima di servirli, completate i piatti con un pizzico di pepe.

I pizzoccheri sono uno dei miei piatti preferiti, in ogni loro variante!

Acqua al cetriolo

Fredda. Bella fredda... la mia acqua aromatizzata preferita: cetriolo, limone e zenzero!

√ **INGREDIENTI PER 6/8 PERSONE**
- 2 l di acqua gassata
- 2 cetrioli
- 10 foglie di menta
- 1 lime bio
- 1 limone bio
- 1 cm di radice di zenzero

In una caraffa piena di acqua gassata aggiungete i cetrioli lavati e affettati, le foglie di menta, il limone e il lime tagliati a fettine sottili e lo zenzero ridotto a cubetti. Lasciate in infusione in frigorifero almeno 3 ore prima di servire, deve essere rigorosamente fresca!

P.S. È molto "scenico" congelare le fettine di lime e limone, così avranno una doppia funzione: rinfrescare l'acqua e aromatizzarla!

Questa è la mia acqua profumata di base. Voi potete creare la vostra preferita! Un consiglio: sfruttate la stagionalità; in estate pesche, fragole e zenzero vi regaleranno un'acqua profumata buonissima.
In inverno potete trasformare le acque profumate in infuso, portando a bollore l'acqua e lasciando in infusione per 15-20 minuti.
Il mio preferito? Una radice di zenzero, 1 limone bio e una foglia di alloro per 2 litri d'acqua.

Potete creare la vostra acqua profumata con gli ingredienti che preferite!

Dolce di ricotta al cucchiaio

Una dolce coccola per gli amici, per la famiglia e, ovviamente, per se stessi. Perché cucinare è un atto d'amore!

INGREDIENTI PER 4 PERSONE

- 5 albicocche mature
- 500 g di ricotta fresca
- 150 g di amaretti secchi
- 50 g di cioccolato fondente al 72%
- 3 albumi

Con una frusta elettrica montate a neve ferma gli albumi, quindi uniteli alla ricotta e agli amaretti sbriciolati.

Mescolate con molta delicatezza affinché gli albumi non si smontino, poi versate il composto in coppette monoporzione.

Ricoprite con le albicocche affettate e grattugiate il cioccolato fondente su ogni coppetta.

Fate raffreddare in frigorifero per 5 ore prima di servire.

Non avete in casa le uova? Potete provare la versione senza albumi, sarà buonissima lo stesso!

Torta all'albicocca

Un compleanno? Un anniversario? Ogni occasione potrebbe essere ideale per preparare questa torta, così versatile, così buona.

√ **INGREDIENTI PER 6/8 PERSONE**
- 250 g di farina di tipo 1
- 50 g di zucchero mascobado
- 200 ml di latte
- 60 g di olio di semi di mais bio
- 10 albicocche mature
- 1 bustina di lievito per dolci

In una ciotola, mescolate la farina con lo zucchero, il latte, l'olio e il lievito.

Tagliate le albicocche a cubetti, quindi unitele all'impasto amalgamando bene.

Versate il composto in una tortiera del diametro di 23 cm foderata con carta forno. Cuocete la torta in forno a 180 °C per circa 40-45 minuti. Non è una torta che lieviterà immensamente, ma vi stupirà per il binomio dolce-acido che l'albicocca regala.

P.S. È ideale servirla con una crema allo yogurt preparata semplicemente montando 250 g di yogurt greco magro con 60 g di confettura di albicocche. Una vera goduria!

Provate la ricetta anche sostituendo il latte con una bevanda vegetale a base di soia non zuccherata e aggiungendo del cioccolato fuso rigorosamente fondente al 72%.

Succo drenante

Ho scelto un estrattore perché è più delicato nell'estrarre il succo rispetto a una centrifuga o a un frullatore: coccola la frutta e la verdura conservando integre le caratteristiche nutrizionali.

✓ **INGREDIENTI PER 2 PERSONE**
- 2 cetrioli
- 1 mela granny smith
- ½ mango
- 1 ananas

Pulite tutti gli ingredienti, estraetene il succo e bevetelo fresco! Se volete, potete anche diluirlo con acqua gassata…

***

Non basta bere la frutta? Mangiatela!
Ai pezzetti che vi avanzano dalla preparazione del succo potete aggiungere indivia, songino e un cucchiaio di senape. Farete un'insalata perfetta!
Insieme mangiate delle mandorle o delle noci o condite il piatto con un cucchiaino di olio evo delicato, così da poter assimilare i carotenoidi che il mango contiene.

Se vi avanza la frutta, potete farci una deliziosa insalata!

{ LA CESTA N.10 }

Riso nero, Farro
Radicchio
Latte
Pomodori secchi
Lenticchie

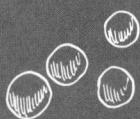

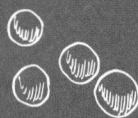

RICETTE

Riso nero con lenticchie

Un vero signor piatto unico: trovate fibre, minerali come ferro, manganese, rame, magnesio e poi ancora vitamine e proteine e molecole funzionali, amiche del nostro sistema cardiovascolare.

INGREDIENTI PER 4 PERSONE

- 320 g di riso nero
- 200 g di lenticchie lessate
- 80 g di noci
- 1 mazzetto di prezzemolo
- 80 g di pomodori secchi sottolio
- 1 limone bio
- 5 cucchiai di olio evo

Cuocete il riso in una quantità di acqua doppia rispetto al suo volume (circa 700 ml). Vi consiglio di coprire con il coperchio, facendo sobbollire per 20 minuti. Trascorso questo tempo, spegnete il fuoco e lasciate concludere la cottura con il solo vapore e calore creato nella casseruola. Ci vorranno altri 15 minuti circa.

Nel frattempo tritate al coltello il prezzemolo, i pomodori secchi e le noci e il condimento è subito pronto.

Mescolate le lenticchie insieme al riso, completate con la scorza e il succo di limone e l'olio extravergine di oliva.

Riso nero, rosso, integrale: scegliete quello che volete. Sono tutti ricchi di fibre!

In alternativa usate il riso basmati, perché avendo il chicco più lungo contiene meno amido e quindi è amico della vostra salute!

#gustoesalute

Pigmenti viola, blu o rosso scuro, ovvero le **ANTOCIANINE**, gli ellagitannini, le pro-antocianidine e gli acidi fenolici come l'acido clorogenico: ecco alcuni grandi amici della salute. Mirtilli, more, melanzane, prugne, uva nera, barbabietola e... radicchio!

Questa famiglia di composti appartiene a quella dei polifenoli, utili nella prevenzione di malattie cronico-degenerative e non soltanto. Proteggono infatti dall'ossidazione, e i benefici sono stati rilevati nei soggetti sani sia in presenza sia in assenza di fattori di rischio per malattie cronico-degenerative.

Uno studio epidemiologico condotto per 16 anni su 34.489 donne americane in post-menopausa ha dimostrato come una dieta ricca di flavonoidi, e in particolare antocianine, riduca il rischio di morte per malattie di origine cardiovascolare. Sono infatti convincenti gli studi in cui si dimostrano che le antocianine regolano diverse vie biochimiche coinvolte nello sviluppo delle malattie cardiovascolari.

Pasta con crema di radicchio

Anacardi, radicchio, cipolla, quartirolo... che ingredienti fantastici. Sentirete che bontà combinati insieme!

✓ **INGREDIENTI PER 4 PERSONE**
- 320 g di pasta integrale
- 1 cespo di radicchio
- 1 cipolla
- 80 g di anacardi non salati
- 100 g di quartirolo lombardo
- 5 cucchiai di olio evo
- sale e pepe

Lavate e tagliate il radicchio a striscioline e lasciatelo appassire in una padella con la cipolla tritata e un paio di cucchiai di acqua, avendo cura di mescolare in continuazione.

Una volta ammorbidito, frullate il radicchio nel robot da cucina con gli anacardi, l'olio e il quartirolo. Salate e pepate quanto basta, senza esagerare con il sale (mi raccomando!). Lessate la pasta al dente in abbondante acqua poco salata, raffreddate sotto l'acqua corrente e servitela condita con il pesto di radicchio e un filo di olio evo, spadellandola leggermente.

Variante

Per gli amici che lo preferiscono si può sostituire il quartirolo con tofu affumicato e il sale con delle olive taggiasche.

Zuppa di farro e ceci

Il farro ha origini antichissime, è ricco di fibre ma anche di vitamina B, di fosforo e potassio. Un amico che non può mancare nella vostra dispensa!

✓ INGREDIENTI PER 4 PERSONE

- 320 g di farro
- 250 g di ceci lessati
- 2 rametti di rosmarino
- 1 cipolla bianca
- 2 foglie di alloro
- 1 carota
- 1 gambo di sedano
- olio evo
- sale e pepe

Pelate e tritate finemente la carota, la cipolla e il sedano; fateli stufare in una casseruola per una decina di minuti, aggiungendo solo un filo di acqua.

A fine cottura unite il farro, l'olio, il rosmarino e l'alloro e quindi acqua fino a coprire il farro. Dopo 20 minuti di bollore, aggiungete i ceci ed eventualmente ancora acqua. Salate e pepate.

Dopo circa 20 minuti la zuppa è pronta!

Non gradite i ceci interi? Frullate tutto e poi aggiungete il farro.

Variante

Potete sostituire il farro con l'orzo e mettere i funghi al posto dei ceci lessati.

Insalata di radicchio e mela

Un'insalata fuori dagli schemi tradizionali. È un modo per consumare anche la frutta durante il pasto. Uno sposalizio perfetto, un insieme di sapori...

INGREDIENTI PER 4 PERSONE

- 1 cespo di radicchio
- 1 mela granny smith
- 1 manciata di uvetta
- 80 g di olive taggiasche denocciolate
- 150 g di feta
- 4 patate dolci a pasta arancione
- 1 limone
- 4 cucchiai di olio evo
- 8 cucchiai di aceto balsamico

Lessate le patate dolci in acqua non salata, scolatele e lasciatele raffreddare.

Lavate e tagliate il radicchio a julienne.

Sbucciate e riducete la mela a cubetti regolari, quindi immergeteli in una ciotola con acqua e succo di limone. Aggiungete anche l'uvetta in questo acidulato.

Sbriciolate la feta e tritate le olive al coltello.

Gli ingredienti ci sono tutti, ora dovete comporre l'insalata: iniziate con la julienne di radicchio, le patate dolci sbucciate e tagliate a rondelle, la mela e l'uvetta scolate e le olive con la feta.

Condite il tutto con olio e aceto balsamico.

Vi è avanzata una patata dolce? Mettetela in forno con sopra un po' di olio e origano. Servitela leggermente schiacciata con una forchetta, accompagnata da un formaggio fresco di capra.

Farro
in biancomangiare

Una classica ricetta, povera ma ricca di gusto. Ideale come dessert, merenda o, perché no, come colazione della domenica.

INGREDIENTI PER 4 PERSONE
- 300 g di farro
- 1 l di bevanda vegetale alla mandorla
- 100 g di frumina
- 80 g di zucchero a velo integrale
- 70 g di arancia candita
- 60 g di cioccolato fondente al 72%
- 1 limone bio

Lessate il farro in acqua non salata.

In una casseruola versate la bevanda vegetale alla mandorla, la frumina (l'amido di frumento), lo zucchero e la scorza di limone grattugiata, mescolate con una frusta e unitevi il farro quando il liquido inizia a sobbollire dolcemente.

Una volta raggiunta la cottura e la densità desiderata, togliete dal fuoco, aggiungete i canditi a dadini e suddividete in coppette monoporzione.

Lasciate raffreddare e grattugiate sopra il cioccolato.

Conservate il dolce in frigorifero.

Variante

Ecco a voi la versione gluten free: basta sostituire i 300 g di farro con 300 g di riso semintegrale e alla frumina l'amido di mais e il gioco è fatto! Il procedimento è esattamente lo stesso!

Barchette di radicchio con mousse di tofu e acciughe

Creare dei piatti che, oltre a essere sani, sono anche belli e colorati: ecco cosa mi piace fare quando sono in cucina!

√ **INGREDIENTI PER 4 PERSONE**
- 1 cespo di radicchio
- 300 g di tofu al naturale
- 30 g di acciughe sottolio
- 80 g di olive taggiasche sottolio denocciolate
- 4 cucchiai di olio evo`
- 1 limone

Sfogliate il radicchio, recuperate le foglie migliori, lavatele e asciugatele con cura.

Con un robot da cucina frullate il tofu con le acciughe, il succo di limone, le olive e l'olio evo, aggiungendo poco per volta acqua a filo. Si otterrà una crema morbida, vellutata e gustosa. Il tofu impiegherà qualche minuto a trasformarsi in crema e lo farà solo grazie all'acqua che verrà aggiunta insieme ai restanti ingredienti.

Servite le foglie di radicchio con una quenelle di crema di tofu su ciascuna di esse.

Variante

Vi propongo una versione vegana: sostituite i 30 g di acciughe sottolio con 70 g di pomodori secchi sottolio e riducete le olive taggiasche a 70 g invece che 80.

GRAZIE!

La vita ci regala sorprese. Tante. È stato un anno davvero intenso con molti cambiamenti, emozioni e scelte. Ringrazio la mia famiglia, mamma Cristina, papà Umberto, Mirca e Gianni, mia sorella Barbara, e soprattutto le mie ragazze, Veruska e Vivienne.
Voglio dire grazie ad amici speciali: Renato, Alberto, Igor, Taty, Alessandro, Martina, Kevin, Nico, Roberto, Simona, Filippo, Andrea, Romina, Mike, Alessandro, Sofia, Davide, Luca, Albino e Barbara, Federica e Oscar, Teresa, Silvia e Barbara, Patrizia... grazie di vero cuore. Ognuno di voi sa bene il perché di questo grazie. Concludo questa paginetta dettata dal cuore ringraziando la Fondazione Veronesi, il mio splendido team di Realize Networks (Pasquale, Rosario, Serena, Claudia, Simone, Alessia, Giulia, Ivano, Salvo, Giada, Monica, Silvia, Alex) e... la mia casa editrice Harper-Collins, che mi ha permesso di accontentare la vostra richiesta, ovvero quella di un libro a colori! Grazie mille, siete grandi!

Indice delle PORTATE

ANTIPASTI & PANE

SALSE & CREME

PRIMI

SECONDI

INSALATE

DOLCI

ACQUE & SUCCHI

Indice degli INGREDIENTI

Questo volume è stato stampato nell'ottobre 2017
presso Elcograf S.p.A. - Verona